아버지가 아들에게 보내는

77가지 교훈

김기원 지음

좋은 책으로 하나님의 사람을 만들어가는

엘 맨

아버지가 아들에게 보내는
77가지 교훈

책을 열면서

저는 항상 감사하면서 목회를 합니다.

늦게 목회를 시작했지만 벌써 24년째 들어섰습니다. 늘 저의 마음속에는 하나님의 도우심과 인도, 그리고 붙들어주지 아니하시면 도무지 할 수 없는 존재임을 느낍니다. 그러다보니 24년이란 세월이 마치 1년안에 지나간 것 같습니다.

저의 가족 3형제는 모두 목사입니다. 게다가 사촌 친척 형님까지 목사가 많은 가정입니다.

그런데 대학 졸업을 3개월 앞두고 진로 문제로 갈등 속에 있던 아들에게서 신학 대학원을 가겠다는 각오를 들었을 때 그 마음을 감동시켜주신 하나님께 너무 감사해서 3일 밤을 뜬눈으로 새우다시피 했습니다.

세상의 많은 길을 포기하고 사명자의 길을 가겠다는 결심은 하나님의 부르심과 사명감이 아니면 불가능한 것이기 때문입니다.

저는 아들이 하나밖에 없습니다. 그러나 목사로서의 달란트를 아들에게, 아버지와 선배로서 전한다는 사실을 독자 여러분들에게 공개하는 바입니다.

− 2004. 4. 장위동 저자의 객실에서 −

차 례

1. 사랑하는 아들에게

네가 어릴 때는 세상에 부러울것이 없을 정도의 사업가의 자녀로, 일류 유치원으로 시작해서 초등학교, 중학교에 들어갔으나 네가 초등학교 6학년이 될 무렵 사업은 부도가 나고 2만원짜리 사글세 방으로 생활이 전락되어 버렸을 때 부모의 가슴은 칼로 찌르는 것 같이 아팠음은 말로 표현할 수 없었단다.

무엇보다 어른이 고생하는 것은 그대로 눈물과 괴로움, 고통속에 참을 수 있으나 자녀들에게 고생을 시키는 것이 그렇게 가슴에 못이 되었단다. 그러나 다행히 하나님이 그때 그때마다 도울 사람들을 보내주셔서 부모와 떨어져 있는 4년간의 세월도 잘 견디어 낼 수 있게 하시고, 너희돌도 견딜 수 있게 된 것은 순전히 하나님의 도우심이라 믿는다.

네가 중학교 1학년 때의 중·고등부 첫 여름수련회에 참석했을 때, 대한 신학교에 복학중인 아빠가 강사가 되었던 것을 기억하고 있을 것이다. 무더운 여름 미완성된 기도원 가마니 바닥에 마지막날 밤 전학생들이 철야하며 통성기도로 긴 밤을 한 명도 자지 않고 지새우며 회개하던 때를 기억한다.

그리고 6년이란 세월이 지난후, 약간의 아르바이트는 허용이 되었으나 우리 부부는 늘 기도했단다. 물론 너에게 목사의 길을 강요하거나 표현하지는 않았지만 네가 스스로 자원하여 이 길을 택하기를 수많은 새벽에 하나님께 기도했단다. 왜냐하면 사명의 길은 타의에 의하기 보다 자신이 선택해야 하고 사명감이 있어야 되기 때문이었다.

구약 성경에 하나님께 드리는 것은 가장 귀하고 흠없는 것이어야 하고, 하나님이 아브라함에게 100세에 얻은 독자를 요구하셨듯이 네가 못나고, 머리도 나쁘고, 목사의 재질이 없었다면 기도하지 않았을지도 모른다. 물론 세상적으로 볼 때 목사의 자녀만은 다른 길로 가서 목회의 노년에 보장받고 싶은 생각이 없겠는가?

그러나 목회자의 길이 싫어 스스로 포기하고 세상 직업을 택했다가 낭패와 실망을 당한 뒤 하나님의 손에 잡혀 목회하며 이제 일편단심 하나님의 일밖에 생각지 않는 나에게 우리 3형제가 목사가 되었다는 것은 너무나 자랑스러운 일이요, 목사의 전통을 가계에 이어나갈 것이 나의 희망이 아닐 수 없었다.

네가 졸업을 불과 한 달을 남겨놓고 총신 대학원을 지원하겠다고 고민중 선택했을 때 나는 겉으로 드러내지는 않았으나 3일간을 잠을 설치다시피 하며 기뻐하고 우리의 기도를 들어주신 하나님께 감사했단다.

나는 네가 목사의 길을 걷고 있는 것이 대통령이 되는 것보다 장관이 되는 것보다 더 자랑스럽고 행복함을 하나님은 내 마음을 아실 것이다.

부디, 신앙이 충만한 교수, 성령이 충만한 영적인 지도자가 되기를 바란다.

— 1997. 12. 23. 새벽 1시 50분에

아빠가 —

2. 노력형인 아들 김재성 전도사에게

네가 아빠를 도와 3년 가까이 중창단을 조직하여 후배를 양성하고, 1997년 11월에 네가 존경하는 교수님의 추천으로 교육전도사로 부임하게 되었을 때, 또다시 나는 더 기도하지 않을 수 없었단다. 더구나 체계있게 가르치고 훈련을 잘하시는 선배 목사님의 큰 교회에 고등부를 맡겨주셔서 너무나도 감사하기도 했지만 부모로서 책임감도 느꼈단다.

그러나 내가 너를 믿는 것은 너는 무엇이든지 맡으면 최선을 다하고 연구하는 태도이기에 잘 적응할 줄 믿고 든든하기도 했단다. 주일이면 새벽 4시에 일어나 교회로 가는 네 모습이 얼마나 마음 든든하였는지 모른다. 그러나 우리 부부는 언제나 하나님께 그리고 지도자에게 인정받고, 학생들이 따르는 전도사가 되기를 더욱 더 기도하지 않을 수 없었단다.

내가 이 정도라도 하고 있는 것은 부모님들이 한푼의 재산도 물려줄 것이 없어 어릴 때부터 고학으로 공부했지만 죽을 고비를 두 번이나 넘기고 살아난 부모님의 기도의 재산이 있었기 때문이었단다. 그리고 주위에서 많은 사람들이 기도해 주었기 때문에 사업가에게 갑자기 변신한 목회자의 길이지만 감당할 수 있었던 것이 아니겠느냐. 너는 잘 할 것이다. 왜냐하면 부모님의 기도, 할아버지, 할머님의 기도, 외할아버지와 얼마 전에 타개하신 외할머님의 눈물의 기도가 있었기 때문이다.

이 곳, 기도원에서 기도하는 마음으로 글을 쓰는 시간은 새벽 2시쯤이란다.

사랑하는 아들!
노력하는 아들!
김재성 전도사에게

－ 할렐루야!
아빠가 －

3. 믿음직스러운 아들에게

나는 너를 믿는다.

왜냐하면 하나님은 네 편이 되셔서 언제나 인도해주실 줄 믿기 때문이다. 뿐만아니라 우리의 기도가 끊어지지 않고 있기 때문이다. 너는 부모에게만 믿음직스러운 아들이 될 뿐 아니라, 네가 맡고 있는 교회 담임 목사님에게도 절대 신임받는 제자가 되어야 한다.

사람은 독불장군이 없단다. 첫째는 하나님이 도와주셔야 하고, 둘째는 지도자에게 그리고 주위 사람들에게 인정을 받아야 한단다.

너는 부모와 함께 여러 가지 환경을 만난 경험이 있기에 너의 앞날에 좋은 경험과 참고서가 될 것이다.

38세에 복학한 나는 기도와 노력 외에는 아무런 자산도 없었단다. 처음에는 도와주는 사람이 아무도 없었으나 끝까지 노력한 결과, 문서 선교, 방송 선교, Tape 선교, 국내·외 집회, 학교 강의 등 여러 분야에 동참하게 되고 부름받게 되었단다.

예수님의 제자들 모두가 다 노력형이었듯이 하나님은 노력하는 자를 쓰시고 노력할 때 믿음직스러워지는 것이다.

이제 네 나이도 결혼 적령기가 가까워 오지만 언제나 부모의 승낙을 요하고 마음대로 쉽게 결정하지 않을려는 네가 너무나 믿음직스럽단다. 첫째는 신앙이 우선이요, 그리고 네가 가는 길에 동반자가 되어야 하기 때문에 어느 정도 실력도 있어야 되는 것이 우리의 바램이란다. 그러나 우리 역시 모든 결정권은 너에게 맡기고 싶다. 그것은 네가 믿음직스럽기 때문이다.

남자는 남자다워야 하고 여자는 여자다워야 하는데 남자에게는 무엇보다 믿음직스러워야 하는 것이 아니겠는가?

　　　　　　　　　－ 1997. 어느날 새벽 3시, 연구실에서
　　　　　　　　　　　믿음직스러운 아들에게 －

4. 지혜로운 아들에게

 사랑하는 아들아, 목사의 길은 믿음과 지혜와 인격이 가장 기본적인 요소라고 생각한다.

믿음은 있으나 지혜가 없으면 안되고 믿음도 있고, 지혜도 있으나 인격에 문제가 있어 평판이 좋지 못하면 지도자로서는 곤란하지 않겠는가? 특히 주의 일할 때와 대인관계에 있어서는 지혜가 필요하단다. 말의 지혜, 행동의 지혜 더구나 봉사할 때에는 지혜가 없으면 노력하고도 열매가 없고, 수고하고도 결과는 좋지 않을 수도 있단다. 더구나 사악한 시대, 혼란한 시대에는 지혜가 필요하지 않겠는가? 지식은 인간의 노력으로 얻어지지만 지혜는 하나님이 주시는 것이라고 생각된단다. 그러므로 기도를 많이 하고 성경을 깊이 묵상하면 지혜가 더 깊어질 줄로 믿는다.

나는 말의 지혜가 부족하고 천성적으로 무뚝뚝하여 상당한 기간이 지날 때까지는 나를 이해해주지 못하는 경우가 있었단다. 지혜롭지 못하므로 본인의 생각과는 전혀 다르게 오해할 수 있는 경우가 없지 않았다. 그러므로 너는 매사에 지혜롭기 바란다.

세상이 악할수록 더욱 더 지혜가 필요하고, 스피드 문화의 환경속에는 모두 기다리는 훈련이 약하기 때문에 더욱더 지혜가 필요하다.

책 두 권 읽은 자가 책 한 권 읽은 자를 지도하는 세상이듯이 지혜로운 자가 어리석은 자를 다스리는 것이 사회의 질서요, 영적인 질서이기도 한 것이다. 어리석은 자가 물리적인 힘으로 지혜있는 자를 지배하려고 할 때 세상의 질서는 파괴되는 것이다.

사랑하는 아들아! 너는 어리석은 자가 되지 말고 지혜로운 자가 되어라. 어리석은 자는 항상 이용 당하고 지혜로운 자는 사용되어지는 유용한 인물이 되기 때문이다.

임마누엘!

5. 학생들의 신앙, 꿈, 인격을 키우는데 주력해야 한다.

사랑하는 아들아, 네가 교육 전도사로 부임하면서 고등부를 맡게 되어 다른 부서보다는 네 적성에 맞을 것 같아 다행이구나. 하지만 네가 고등부 과정을 거치기는 했으나 집단으로 가르쳐야 하고, 지도하는 것은 처음이라 몇 가지 당부하고 싶구나. 고등학생 시절은 고난과 갈등의 시기라고 해도 과언이 아닐 것이다. 경쟁 사회에서 가장 혹사 당하는 기간이 고등부 기간이 아니겠는가? 암기 잘하면 머리 좋은 쪽으로 평가되어온 우리의 교육제도가 다른 부분은 아무리 잘해도 머리 나쁜 쪽이 되어 버리니 적성에 맞지도 않는 과목을 공부해야 하는 그 고통은 적지 않을 줄 안다.

그러므로 고등부는 무엇보다 확고하고도 뜨거운 신앙을 심어주는 데 주력해야 할 것이다. 이때는 맹목적인 신앙이나 맹종을 강요할 것이 아니라 스스로 결단을 내리도록 해야 할 시기가 아니겠는가? 이 기간에 구원의 확신과 뿌리 내린 신앙으로 자리잡으면 평생 변치 않는 믿음의 사람이 되고 일군이 될줄 믿는다.

그리고 다음은 꿈을 심어주고 키우는데 주력해야 할 것이다. 꿈이 없는 삶은 열정도 기대도 없는 삶이 되기 쉬운 것이기에 항상 용기와 의욕과 꿈을 심어주어 그 무한한 저력을 꿈을 실현시키는 데 사용 되어지도록 이끌어야 할 것이다.

꿈 얘기하면 요셉이 떠오를 것이다. 구약의 요셉과 신약의 요셉도 꿈과 관계가 있는 인물이 아니겠는가? 물론 내가 말하고자 하는 것은 잠자면서 꾸는 꿈이 아닌 비전, 포부, 삶의 목표, 계획 등이 아니겠는가?

꿈을 불어넣어 주고 키워주는 전도사가 될 때 네가 가르치고 지도한 학생중에 위대한 인물이 많이 나올 것이 틀림없는 사실이 될 것이다.

또 한가지는 인격을 키우는 일에도 절대 등한시 말아야 한다. 인격은 가르치기 이전에 가르치는 자가 먼저 솔선수범하고 본을 보여야 하는 것이다. 기도의 체험이 없는 자가 기도의 능력에 관한 책을 집필하고 또 번역하면 되겠는가?

금식을 한번도 해보지 못한 자가 금식기도의 능력이나 필요성을 가르치면 되겠는가?

대인관계에서 인격이 수준 이하이거나 미숙하면 문제가 될 수밖에 없는 것이다.

성경은 인격 문제를 결코 무관심하지 않는다는 사실을 명심해야 한다. 아무리 지식이 있고, 높은 지위를 가졌다 하더라도 인격이 없으면 유용한 것이 못되는 법이다.

　　인사 잘하는 법이나, 정직과 근면 생활화와 질서를 지키고 참는 훈련과 연장자와 스승에게 존대하는 언어 등 여러 부분에 인격자가 되어 지도해야 할 것이다.

　　신앙, 꿈, 인격을 키우는 데 주력할 때 보람을 느끼는 열매가 맺어질 것이 분명하다.

6. 사랑하는 아들아, 손해보면서 살아라.

목사의 길은 손해보면서 사는 길이란다.

왜냐하면, 예수님의 발자취를 따라 사는 삶이기 때문이다.

예수님은 제자들의 발을 씻기신 분이시고 하나님이 인간이 되셨고, 부자가 가난하게 되셨고, 의인이 죄인 되셨으며, 생명이 죽음이 되셨기 때문이다.

목사가 이기면 안된다. 육적으로 지는 것이 영적으로는 승리이다.

목사가 실속 차리면 좋아하지 아니한다.

목사는 항상 손해보면서 살아야하고, 모든 일에 앞장서야 하는 것이다.

목사는 지도자이지 결코 지배자가 아니다.

지배자는 자기는 하지 않으면서 명령할 수 있다. 그러나 지도자는 솔선수범해야 하는 것이다.

기독교는 사랑의 종교이다. 사랑이란 무엇인가?

바로 손해보는 것이다. 찬란한 이론이나 미사어구의 표현이 사랑이 아니라 손해보면서 사는 것이 사랑을 실천하면서 사는 것이다.

그러면 날마다 손해보면서 어떻게 억울해서 살며, 무엇을 먹고 살 것인가? 물론 지혜가 필요하다. 자기의 것을 나누어주는 삶이 되어야지 남의 것을 빌려서 채무자가 되어 나누어 주라는 말은 아니다. 그러나 염려할 것 없다. 그것도 책임지지 아니하시고, 예수님이 우리에게 실천을 강요하셨겠는가?

손해보면서 사는 자에게 하나님이 채워주시며 더 많은 겼으로 주실 것이며 승리와 위로를 주실 것이다. 아브라함이 롯과 지역 분할을 할 때 롯에게 우선권을 주고 자기는 차선의 길을 택했다. 그러나 그 결과 누가 안전하고 부하게 살았는가?

한 알의 밀알이 땅에 떨어져 죽어야 많은 열매를 맺게 되고, 주는 자에게 복을 넘치도록 안겨준다고(눅 6:38) 약속하지 않았는가?

우리가 예수님을 따르고 예수 그리스도 안에 머물면 그 안에는 온갖 보화가 다 있다고 말씀하셨다.

목회자의 길은 손해보면서 살 각오를 할 때만이 주님을 닮아갈 것이고 주님 가신 길을 따라가는 길이 될 것이다.

7. 사용되어지는 자와
이용되어지는 자

사역자 중에도 거듭나지 못하고 전도사가 되고 사명감 없이 궁여지책으로 목사가 될 수도 있단다. 그러나 타인을 심판하고, 판단하고, 정죄하는데 신경쓰지 말고 무관심하고 내 갈길을 달리면 되는 것이다.

막대기는 이용하고 내버리지만 지팡이는 사용하고 보관해서 계속 사용하듯이 사역자 중에도 이용되어지는 자와 사용되어지는 자가 있음을 명심해라.

사울은 이용되어진 자라면 다윗은 사용되어진 자가 아니겠는가?

가룟 유다는 이용되어진 자라면 다른 제자들은 사용되어진 자들인줄 안다.

하나님께 쓰임받는 교역자가 되어야지 말세에 나타날 현상과 징조품이 되어서는 안될 것이다.

구원의 확신이나 성령충만없이 목회자가 되거나 신학 교수가 된다면 영혼을 살리기는커녕 소경이 소경을 인도하는 자가 되는 것이다. 생명이 생명을 전달하는 것이지 무생명이 생명을 전달할 수는 없는 법이다.

성령체험 없이 성령에 대한 논문을 쓰며, 확신없이 하는 교육은 세상에서는 가능하나 교회나 신학교에서는 본인도 불행할 뿐아니라 불행을 전달하는 사람이 된다.

문제는 하나님이 함께 하는 주의 종은 하나님이 쓰시는 사역자가 되어야 하는 것이다.

내가 신학을 택한 것과 하나님께 부름받아 사명감에 일하는 것하고는 질적으로 극에서 극의 차이가 있는 것이다.

요셉의 생애를 논할 때 자주 반복되는 구절이 '여호와께서 요셉과 함께 하시므로'가 아니겠느냐?

내가 노력하고 똑똑하다고 되는 것이 아니다. 하나님이 함께 해주셔야 하는 것이다.

나는 늦게 목회를 시작했으나 늘 문서 선교쪽에 관심을 가져 그 둘을 병행한 것은 전적으로 하나님의 인도와 도우심이었다고 확신한다. 모든 것이 무에서 출발한 것이 아니겠는가?

노력케 하신 분도 하나님이요 여건을 주신 분도 하나님이시다. 그러기에 언제나 전적으로 하나님을 의지하고 하나님께 매달리지 않을 수 없단다.

나는 하루라도 기도를 등한시하면 힘을 잃어 버리게 되고 의욕이 상실되기에 기도하지 않을 수 없단다.

　　하나님께 쓰임받는 자나 기도하는 자는 언제나 하나님 중심, 성경 중심, 교회 중심으로 살아가며 늘 성령의 인도와 도우심을 바라며 순종하는 자세인줄 믿는다.

　　사랑하는 아들아,

　　너는 분명히 하나님께 쓰임받는 사역자가 되리라 믿는다.

－ 새벽 4시 30분 기도시간에
아빠가 －

8. 성령 충만한 목사가 되기를…

목사면 다 목사가 아니다.

분명, 성령 충만한 목사가 있고 그렇지 못한 경우도 있단다.

경우에 따라서는 악령이 충만한 목사도 있을 수 있단다. 양의 가죽을 쓰고 양떼를 삼키고 죽이는 일도 서슴없이 일삼는 영적인 사기 행각이 종종 일고 있는 현실이 아닌가?

성령 충만하지 않은 목사가 되느니 차라리 연자맷돌을 목에 달고 물에 빠져 죽는 것이 낫다고 생각하면 과격한 생각일지 모르나 그러나 그 피해는 엄청나기에 혼자 죽고 다른 사람은 죽이지 말라는 표현이 아니겠는가?

먼저 성령 충만하지 않으면 사명을 감당할 수가 없을뿐더러 본인이 더 힘들다는 사실이다.

세상에서 제일 불쌍한 자가 예수 믿지 않고 지옥 가는 자가 아니겠는가? 그러나 그것보다 더 불쌍한 자를 꼽으라면 평생 교회는 다니고 지옥가는 자가 아니겠는가?

또 신학을 가르치고 자기는 지옥 가는 자가 있다면 그가 가장 불쌍한 자일 것이다.

마치 가룟 유다는 3년 동안 예수님을 따라 다니고 가기는 제 갈곳으로 갔고, 아나니아와 삽비라는 부동산 판 것의 절반이나 바치고 저주의 죽음을 죽었듯이 십일조도 아까와 못내는 자들이 많은 세상에 그것보다 더 큰 불행이 어디 있겠는가?

그러므로 성령충만하지 않고 목사가 되느니 차라리 사업가가 되든지, 공무원이 되든지, 농사를 짓든지, 다른 길을 택하는 것이 피차 좋을 것이다.

성령충만하지 않고 사역의 길을 가는 것은 본인은 물론이고 그 가족들이 볼 때 얼마나 피곤하며 환멸을 느끼겠는가?

그리고 또 한 가지는 목사는 혼자만 성령 충만해서는 안된다. 부부가 함께 성령이 충만해야 사역의 힘있는 동반자가 되고 죽었다가 다시 태어나도 목사가 되고 목사 사모가 되겠다는 생각d로 채워질 것이다.

한 사람은 성령충만하고, 한 사람은 성령충만하지 않을 때 항상 삶의 갈등, 사역의 갈등, 생각의 차이가 있기 마련인 것이다.

미국 교회에서 전통적으로 내려오는 욕설 중에 하나가 성령 받지 말고 목사가 되라는 말이라고 한다. 그것은 저주 중에 저주가 아니겠는가? 성령충만함이 없이 목사가 되는 것은 불행 중에 불행인 것이다.

　그러므로 항상 기도하고, 항상 회개하고, 항상 하나님의 도우
심을 구하면서 말씀을 적용하는 삶으로 채워져야 할 것이다.

－ 새벽기도 중에서
아빠가 －

9. 기도 많이 하는 목회자가 되기를…

목사는 만민이 기도하는 하나님의 집에서 기도로 한 평생 살기를 작정한 자라고 해도 과언이 아니다. 기적 중 이상한 기적은 기도하지 않고 사명을 감당하는 것이다. 그것은 사실 절대 불가능하기 때문이다. 이미 언급한 적이 있지만 혹 이용되어지는 자는 될 수 있을 것이다. 그러나 사용되어질 수는 없는 법이다. 누가 기도하지 않고 쓰임받았던 자가 있는가?

아브라함, 이삭, 야곱, 요셉, 모세, 다니엘, 다윗 그 외 여러 선지자들이 기도하지 않고 쓰임 받았던가? 기도를 게을리 하다가 제자들이 어떻게 되었는가? 그들은 기도하지 않은 것이 아니라 피곤하고 졸음이 와서 기도해야 될 때인데도 기도를 게을리한 것 뿐이었다. 그런데 그들은 여지없이 실패하지 않았는가?

사랑하는 아들아!

너는 기도하는 목사, 기도하는 사역자, 기도하는 주의 종, 기도하는 교수가 되어라. 특별히 개인 기도 시간을 많이 가지기 바란다. 때론 특별기도, 작정기도, 철야기도도 하여라.

기도는 사건이 터지고 난 뒤 하기보다 예방기도가 더 재미있고 보람된 것이다.

기도없이 지식만 있으면 서기관이 되고, 개인기도 생활없이 지도자가 되면 바리새인이 되는 것이다. 예수님 시대에 서기관 전통을 이어받은 교수가 되면 성경만 많이 아는 영적 무식자가 되는 것이다. 즉 산 교육이 아닌 죽은 교육인 것이다.

예수님이 이 땅에 오실 때 그들은 예수님이 나실 장소가 구약 성경을 통해 유대 땅 베들레헴이라는 사실을 알았어도 그들은 예수님 탄생과 상관없는 자였다. 동방 박사들의 지식은 산 지식이었던 것이다.

기도는 운동이 아니다. 신자의 삶 자체이다. 누가 숨쉬기를 운동이라 하는가? 삶 전체가 기도이어야 하는 것이다. 그러나 하나님과의 특별한 교제와 대화시간이 필요한 것이다.

하나님께 보고하고 감사하고, 부탁하고 의논하는 시간, 이것이 우리 삶의 특권이교 활력소가 아니겠는가?

사랑하는 아들아!

너는 기도하는 사역자가 되어라. 기도하고 내려온 모세의 얼굴에 광채가 났듯이 네 얼굴만 보아도 은혜가 되고 영성이 풍부하게 느껴지는 자가 되어라. 다 같은 말이라도 그 말을 누가 하느냐가 중요하지 않겠는가? 가룟 유다가 구제론에 대해 말하니 웃

기는 이론이 되지 않았던가? 기도하는 목회자는 하나님이 붙들어
쓰시는 것이다.

- 어느날 기도중에서 -

10. 영감있는 지도자가 되어라.

   현대는 소리는 많으나 영감있는 소리는 흔하지 않은 것 같다.

　하나님의 말씀은 살았고 운동력이 있기 때문에 믿음으로 하나님의 말씀을 그대로 전할 때 영적인 감동을 일으킬 줄 믿는다.

　사도 바울이 철학자들이 모여 있는 아덴에 가서 자기도 배웠고 누구 못지 않게 지식이 있다고 그들에게 전하다가 100%로 실패한 경험을 했단다. 그 경험 후에 다시는 예수 그리스도의 십자가 외에는 자랑치도, 전하지도 않기로 결심한 것을 기억해야 한다. 똑똑한 척 하고, 많이 아는 척 하면서 교만하면 실패하게 되는 것이 성경의 원리이다.

　항상 겸손한 마음으로 하나님의 생명있는 말씀을 가르치고 전할 때 영감있는 지도자가 될 줄 믿는다. 영력은 영감에서 오는 것이지 영감도 없이 영력이 있을리 만무하다.

예수님의 말씀을 듣고난 후 삭개오의 인생관은 달라지게 되지 않는가? 물질 제일주의로 살던 삭개오가 이제는 사랑을 실천하는 봉사자요, 헌신자로 삶이 바뀌어지게 되었던 것이다.

영감있는 말씀, 영감있는 교육은 사람을 변화시키고 인생 철학을 바꾸어놓고 가슴을 뜨겁게하는 것이다. 베드로의 설교에 3천명이 회개하는 역사가 일어나게 된 것은 그의 메시지가 영감이 있었기 때문이다.

오늘의 우리시대는 영감있는 지도자가 흉년든 시대이다. 그러므로 사람을 변화시키지 못하고 있다.

신학교에서도 뜨거운 마음으로 왔다가 오히려 차가운 이성으로 졸업을 하게 되는 경우도 있다.

기도와 말씀, 성령충만함이 없으면 똑똑한 사람은 가능하나 영감있는 지도자는 될 수 없다.

주여! 영감있는 지도자가 되게 하여 주옵소서.

- 아들을 위한 기도 제목 중에서 -

11. 사람을 변화시키는 지도자가 되어라.

 목사는 사람을 변화시키는 사명을 맡은 예수님의 제자인 것이다.

그렇게 되려면 자신이 먼저 변화의 체험이 필요하다. 하나님은 그대로 쓰시지 않으신다. 변화시키고 난 후에 사용하신다는 사실을 기억해야 한다.

아브람을 아브라함되게 하시고, 사래를 사라되게 하시고, 야곱을 이스라엘 되게 하시고, 또 시몬은 베드로 되게 하시고 사울은 바울 되게 하셔서 사용하셨다.

사람이 변화되려면 예수님을 먼저 만나야 하는 것이다. 수가성의 여인도 예수님을 만나고 변화되었고, 모세가 호렙산 불꽃 가운데 나타나신 하나님을 만나고 사명자가 된 것처럼 주님을 만나는 체험이 우선 되어야 하는 것이다.

가룟 유다는 3년 동안 예수님과 같이 다녔으나 예수님을 만나지 못했던 것이다. 그는 예수님이 유대인의 왕이 되실 분으로 알았지만 구세주이심은 믿지 못했던 것이다. 그러므로 그는 예수님은 만나지 못했다고 할 수 있다.

그리고 교역자는 예수를 만나도록 하는 영적인 가이드가 되어야 하는 것이다.

내가 만난 예수를 가르치고, 소개하고, 증거해야 하는 것이다.

그러므로 자신이 만나지 않고는 힘있는 지도자가 될 수 없는 것이다. 닭 우는 소리를 듣고 회개한 베드로가 회개를 외칠 때 3천명이 회개하지 아니했던가.

성령충만한 바울이 안수기도할 때 성령체험의 역사가 일어나지 않았던가. 사람을 변화시키는 지도자는 자신이 먼저 변화된 체험이 있어야 되는 것이다.

교회는 사람을 변화시키는 거룩한 재생공장이 되어야 하는 것이다. 우리는 지금 기능이 상실되거나 약하기에 세상의 빛과 소금의 역할을 다하지 못하고 있는 것이다.

신학교나 교회에 와서 또한, 성경을 배우면서도 새로운 피조물로 바꾸어지지 않는다면 어디에서 가능하겠는가?

사랑하는 아들아!

너의 지도를 받는 자들은 날마다 새로운 피조물로 바꾸어지는 역사가 일어나기를 바란다.

12. 임마누엘 목사가 되어라.

엘리 제사장은 말년에 이가봇 가정이 되어 버렸다.

이가봇은 영광이 떠났다. 즉, 하나님이 떠났다는 의미이다. 하나님의 일을 하는데 하나님이 떠났다는 말이 얼마나 아이러니컬한 말인가. 분명 하나님의 일을 하지만 하나님이 함께 하지 않는 자가 있음을 알아야 한다.

예수님의 비유 중에도 우리가 주의 이름으로 귀신을 쫓아내고, 큰 권능을 행했다고 자랑하고, 성공사례를 발표했지만 주님은 '나는 도무지 너를 모른다.'라고 했지 않는가?

문제는 하나님이 인정해 주고, 함께 하셔야 하는 것이다. 이스라엘의 패망시 비극이 무엇이었는가? 그들이 드리는 예배에 하나님이 함께 하지 아니했고 그 예배를 받지 아니했다는 것이다.

하나님이 들으시는 기도, 하나님이 화답하는 찬송, 하나님이 받으시고 성령이 임재하시는 예배가 되어야 하는 것이다.

여호수아와 함께 하신 하나님, 다니엘과 함께 하신 하나님, 옥중에 갇혀 기도하고 찬송하는 바울과 실라와 함께 하신 하나님이 얼마나 부러운가.

사랑하는 아들아!

너는 임마누엘 목사가 될 줄 믿고 그리고 기도한다.

하루에 몇 번이고 하나님의 이름을 부르지만 하나님을 자기 생활 수단으로 이용하고 자기 출세의 방편으로 이용한다면 하나님이 함께 하지 않는 목사, 또는 교수가 되는 것이다.

수십년 가까이 신학을 가르친 교수가 자기 친구에게 괴로운 심정을 솔직히 고백하기를 자기는 성경의 기적이 믿어지지 않는다고 했다는 말을 듣고 나는 그것이 지어낸 이야기이기를 바랐단다.

그래도 그 교수는 양심이라도 조금은 살아 있어서 말할 수 없는 고민을 친구에게라도 고백했지만 한 평생 확신도 없이 학교에서 쫓겨나지 않기 위해 거짓 보수주의자 현대판 서기관은 없다고 누가 장담하겠는가?

영적으로 무능한 지도자는 맛잃은 소금이 되는 것이다.

우리는 가끔 선거 때만 되면 교회에 가서는 기독교인 행세를 하면서 기도하고, 절에 가서는 불교인 행세를 하면서 불공을 드리는 것을 본다.

하나님이 자기 욕구 충족을 위한 하나의 악세사리가 될 때 그에게는 하나님이 함께 하지 않는 것이다. 하나님을 만난 체험없이 어떻게 임마누엘 목사가 되겠는가?

하나님의 권능의 손에 붙잡힌 믿음직한 자가 얼마나 힘이 있고, 세력이 있고 가치있는 사역자가 아니겠는가?

할렐루야!

13. 환경을 극복하는 지도자가 되어라.

예수님께서 제자들에게 누구든지 나를 따라 오려거든 자기 십자가를 지고 나를 좇으라고 말씀하셨다. 일명 기독교를 십자가의 종교, 고난의 종교라고 하는 것은 믿음의 길, 사명의 길은 결코 쉬운 길이 아님을 의미하는 것이다.

사명자는 여러 가지 환경을 극복하는 인내와 지혜 그리고 담력이 필요하다. 디모데후서 2:1-13에 보면, 사명자를 군사로, 경기자로, 농부로 비유하였다.

군인, 경기자, 농부에게 공통점이 있다. 그것은 고난을 견디는 인내가 필요한 것이다. 아브라함이나 이삭, 야곱 그리고 모세나 야곱, 다니엘 모두 환경의 승리자가 아니겠는가?

주어진 환경을 극복하려면 인내뿐 아니라 훈련이 필요하다. 조그마한 고난을 견디지 못하는 자는 큰 고난을 이길 수 없는 법이다. 제주도 한라산에는 10월 하순이면 첫 눈이 내린다고 한다.

첫 눈이 내리고 난 후에는 잠시 따뜻한 날씨를 보이다가 다시 추워지는데 그 사이에 수선화가 향기가 짙은 순백의 꽃을 활짝 피운다고 한다. 그리고 겨울부터 봄까지 가지마다 빨간 꽃을 피우는 동백이 있고 겨울 야생화가 추위를 극복하고 아름답게 피운다고 한다.

사명자의 길은 환경 극복의 길이다. 그래서 야고보 선생은 야고보서 1:2에서 "내 형제들아 너희가 여러 가지 시험을 만나거든 온전히 기쁘게 여기라. 이는 너희 믿음의 시련이 인내를 만들어내는줄 앎이라."고 했다.

인생의 실패자가 누구인가?

환경을 극복하지 못하고 좌절하거나 포기하는 자가 아니겠는가?

사도 바울은 비천에 처할 줄도 알고, 여러 가지 핍박과 그의 사역을 가로막는 환경을 극복하고 승리했음을 고백하고 있지 않는가?

세상에 쉬운 일은 없다. 망하는 길, 타락하는 길이나 좀 쉬울까 어느 정도의 차이는 있지만 다 힘드는 길이다. 그러므로 그때그때마다 당면하는 현실과 환경을 잘 이겨내는 인생의 승리자와 사명자가 되기를 바란다.

— 저녁 9시 55분에
아빠가 —

14. 날마다 인내로 승리하고 인내로 열매맺기를 바란다.

 인내가 없이는 인생의 승리나 신앙의 승리는 불가능하다. 예수님은 죽기까지 인내하셨다.

하나님은 아브라함을 부르셔서 그에게 약속을 실현하시기까지 25년을 기다리게 하셨다.

조급한 성격은 승리할 수 없다. 오늘 많은 사람들이 인스턴트 문화의 영향으로 조급해졌다.

디모데후서 3장에서도 말세가 되면 고통받는 때가 오게 되는데 사람들의 성격이 조급해진다고 했다. 우리 민족은 성급한 민족인 것 같다. "속전속결 군사문화"의 영향인지 너무 서두르는 것이 생활화되고 체질화되어 있다.

세계에서 고속도로 건설을 제일 빨리했다고 하지만 그렇기 때문에 개통 그 이튿날 보수공사를 하는 일이 생기지 않았는가, 그러므로 우리는 기다리고 인내하는 훈련이 필요하다.

사랑하는 아들아!

모든 면에 참아야 승리하고, 그 결과 아름다운 열매를 맺게 된다. 항상 멀리 바라보고, 계획하고, 등산가들이 정상을 향하여 올라가는 것처럼 무한한 인내력을 키워나가야 되는 것이다. 하룻밤 사이에 자란 콩나물이 새들이 깃들 수 있는 나무가 되고 열매를 맺을 수 있겠는가?

욥은 자신에게서 일어난 재난과 질병을 인내로 극복하였고 다윗은 사울의 시기와 미움의 대상이 되어 말할 수 없는 위험과 고난이 계속되었으나 얼마든지 복수나 힘으로 승리할 수 있었는데도 끝까지 하나님께 맡기고 참았던 것을 우리는 너무나 잘 안다.

사명자의 길은 첫째도 인내요, 둘째도 인내요, 끝까지 인내하는 것이다.

끝까지 견디는 자가 구원을 얻고 끝까지 견디는 자가 승리하고 많은 결실의 열매를 맺게 되기 때문이다.

- 원고를 쓰기 위해 밤을 지새우는 시간에
  잠깐 아들에게 쓰는 편지 -

15. 존경받는 지도자가 되어라.

참된 지도자는 존경받기 마련이다.

그러나 지배자는 결코 존경이 따르지 않는다. 존경받는 삶은 어떤 면에서는 고달프기도 하다.

왜냐하면, 삶의 희생과 솔선수범이 있어야 되기 때문이다.

행함이 없는 말을 하는 사람은 똑똑하다거나 일시적으로 잘 가르친다는 말을 들을지는 모르나 존경받지는 못할 것이다.

존경은 진실한 삶 속에서 생기는 반응이라고 생각된다.

아무리 재능이 있고 가진 것이 많아도 진실하지 못하면 결국 존경은 커녕 경멸할 것이다. 위선과 가식은 오래가지 못하며 결국은 들통나게 되는 것이다. 존경받는 삶은 믿을 수 있는 믿음의 삶일 때 일어나는 것이다. 진실한 삶 속에서 믿음이 생기고, 믿음의 삶에서만이 좋은 인간관계가 이루어지는 것이다. 또 한걸음 더 나아가서 사랑을 실천하는 삶을 살 때 존경받게 된다. 사랑의 삶은 쉬울 것 같지만, 어렵고 불가능한 삶일 것 같지만 가능한 것이다.

사랑의 삶이 없이 존경받는다는 것은 있을 수 없는 일이다.

그리고 또 한 가지 언급하고 싶구나.

인간사회, 조직사회에서는 질서와 예의를 무시하면 안된단다. 항상 겸손하고, 온유한 마음과 자세로 자기의 할 도리를 다 하면서 예의를 지켜야 한다. 아무리 여러 가지를 갖추었다 해도 예의를 지킬줄 모르면 존경은 고사하고 무시를 당하게 된다.

항상 후배들에게 존경받고, 선배들에게 신임받고, 자기 자신에 충실한 지도자가 되어라.

사랑하는 아들아!

여론 등을 통해 존경받지 못하는 지도자의 최후나 삶을 보면서 마음에 다짐이 필요하지 않겠니?

호랑이도 죽어 가죽을 남기는데 이 세상에 한 번 태어났으면 욕 먹고 여론의 재판을 받는 지도자가 아니라 존경받는 지도자가 되어야 하지 않을까?

— 12월 마지막 주간을 보내면서 —

16. 매일 경건의 시간을 가져라.

숨쉬는 것이 힘들고 먹는 것이 힘들면 육체 조직에 이상이 온 것이다. 마찬가지로 우리의 영적인 생활에도 말씀이 싫고 기도가 싫으면 벌써 이상이 생긴 것이 분명하다. 물론 새벽기도는 평생 쉬지 않고 해야 되는 것은 물론이고, 매일 매일 성경말씀을 혼자서 묵상하는 시간을 가져야 한다.

성령님의 깨닫게 하심과 도우심을 구하면서 하나님의 말씀을 묵상하며, 그 말씀을 적용하고 실천하는 삶의 몸부림이 없이 다른 사람에게 말씀을 가르치고 인도한다는 것은 결국 소경이 소경을 인도하는 자가 될 것이고, 또 그것이 양심의 가책이 되는 일이 아닐 수 없는 것이다.

매일 매일 경건의 시간을 통하여 자기의 모습과 얼굴을 말씀의 거울 앞에 비추어 보고 영적인 모습을 꾸며야 할 것이며 그런 가운데 놀라운 영적인 향상과 능력이 주어질 것이다.

사랑하는 아들아!

하나님의 지혜는 세상 지식이나 사람으로부터 오는 것이 아니라 하나님의 영감된 말씀을 통하여 깨닫게 된다는 것을 명심하기 바란다.

세상의 그 어떤 책도 영적인 생명이나 건강을 주지는 못한다. 그러나 하나님의 말씀은 살았고 운동력이 있어 사람을 변화시키고 하나님의 뜻을 깨닫고 분별하게 되며 악한 영들의 궤휼을 물리칠 수 있는 무기가 되는 것이다. 개인 경건의 시간없이 성경을 다른 사람에게 가르치기 위해 연구하는 것은 영적인 지도자의 바람직한 태도가 아니다. 영적인 지도자는 고백적인 삶이요, 자신의 삶과 몸부림을 나누고 경험을 고백하는 것이 아니겠는가.

앤드류 버나르라는 사람의 삶의 철학처럼 하나님께 먼저 말씀드리기 전에는 그 누구에게도 말하지 않고, 하나님을 만나기 전에는 그 누구도 먼저 만나지 않으며, 하나님의 말씀 즉 영적인 양식을 먼저 취하기 전에는 육신을 위하여 그 어떤 것도 먹지 않는 삶의 자세가 우리에게도 필요할 줄 안다.

매일 경건의 시간을 가지지 않고 하루를 시작한다는 것은 세수도 화장도 하지 않고 하루를 시작하는 것과 같고, 무장하지 않고 전쟁터에 나가는 것과 흡사하다.

우리는 매일 매일 영적인 전쟁터에 나가는 영적인 군인인 것이다. 그러므로 매일 매일 경건의 시간을 가짐으로 하나님의 도우심을 구하고 말씀으로 무장하는 하루 하루가 되어야 할 것이다.

- 토요일 오후에 -

17. 가끔 금식기도도 해야 한다.

사랑하는 아들아!

　예수님이 사역 시작 전 금식기도로 무장하고 시작한 것처럼 사역자의 길에는 금식기도로 무장해야 될 때가 적지 않다. 특히 고난주간이나, 목사 임직 전에는 꼭 금식기도를 하는 것이 좋다고 생각된다. 금식기도는 금식기도원 원장이나, 신비주의자들만이 하는 것으로 생각해서는 안된다. 예수님도 금식기도를 하셨는데 우리가 천직을 임직받는 예식에 금식기도로 준비없이 그냥 참여한다는 것은 너무 가볍게 받는다는 느낌이 들지 않겠니?

　하기야 나도 옛날 평신도 때에는 금식을 그렇게 중요하게 생각하지 않았단다. 그러나 내가 사업이 망하고 다시 부름받아 기도하는 중 기도원에서 공짜 밥을 얻어먹는 것도 하루 이틀이 아니고 또 금식기도 하는 사람들이 한 두 사람이 아니다 보니 굶식이 금식기도로 바뀌어졌단다. 그래서 3일, 혹은 일주일간, 열흘씩 금식기도 하고 고난주간이나 연말은 어떤 일이 있더라도 금식하면서 보내기로 했단다. 금식에 대해서는 단어적으로 해석하는 것과 내가 금식기도 해보고 금식을 이해하는 것과는 그 의미가 하늘과 땅 차이가 아니겠니?

사랑하는 아들아,

세상의 흐름이나 풍조가 어떠하든지 성경대로 살려고 몸부림치는 자가 영성이 있는 교역자가 될 수 있단다. 영성없이 영적인 지도자는 결국 세속주의자가 되거나 사단의 이용된 몸이 되기 쉬운 것이다. 금식기도는 하나님이 기뻐하시고 성경에 많은 사람들이 금식기도를 했고 또 교회적으로도 금식기도는 몸으로 드리는 희생 기도요 간구가 아니겠니? 그러나 금식기도할 때 지켜야 할 상식이나, 조심해야 할 것 등 사전에 예비 지식을 가지는 것이 필요하단다. 금식기도도 힘들지만 금식 이후에 더욱더 육신이나 영적으로 조심해야 된다는 것을 명심해라.

우리는 사후 치료보다 예방이 더 지혜로운 자가 아니겠니? 위급할 때 금식하며, 철야하며 기도하는 것도 중요하지만 능력있는 지도자이신 예수님을 배우고 예수님의 발자취를 따라가기 위해 노력하고 예방하는 기도가 더 지혜로울 줄로 안다.

- 연말을 보내면서 금식 기도중 -

18. 신비주의자는 되지 말아라. 그러나, 신비체험은 필요하다.

기독교는 비과학이 아니라 초과학이며 이성적으로 다 이해할 수 있는 진리가 아니라 신비의 사건과 기적의 연속적인 것이 특징이다. 이것은 하나님은 능치 못함이 없으시기 때문에 믿음을 자라게 하고 하나님을 믿게 하기 위해 기적을 나타내기도 하셨다. 물론 신비체험은 날마다 있는 것은 아니다.

베드로가 그물을 던질 때마다 그물이 찢어질 정도로 고기가 많이 잡힌 것도 아니며 보리떡의 기적이 날마다 있는 것도 아니었다. 그러나 하나님이 붙들어 쓰시는 종은 필요하다면 기적을 주시기도 하시며 신비한 체험을 주시기도 하실 것이다. 성경을 이성적으로 알고 가르치는 생활은 환멸과 무능에서 헤어나지 못할 것이다.

그렇다고 해서 신비체험을 사모할 필요는 없는 것이다.

하나님께서 필요하시면 주시기 때문에 그것이 자랑거리도, 자신을 드러내는 이력도 될 수 없는 것이다. 사도바울은 14년만에 처음으로 입을 열어 자신이 경험한 신비 체험을 말했다는 사실도 기억해야 할 것이다. 그것도 단 한 번 밖에 기록에 나오고 있지 않는 것을 볼 수 있다.

기독교는 신비를 빼버리면 기독교의 특징과 매력을 잃어 버릴 수도 있을 것이다. 믿음으로 살고 기도로 하루 하루를 살아간다면 신비의 체험도 적지 않을 것이다.

신비주의자들은 치우치는 자들이요 또 신비주의자가 아닌 자들을 멸시해 버리고, 자신은 독특하다는 사실을 은연중에 과시하는 과오를 범하고 있는 경우가 적지 않다. 신비 체험은 있으나 영적인 힘이 없는 지도자가 되지 않기를 바란다. 왜냐하면, 내가 신학을 복학하고 많은 갈등을 느꼈던 부분이기 때문이다.

교회는 사람들이 모인 공동체인 동시에 영적인 공동체이기에 영적인 힘이 없는 리더는 세속화시키는 주범이 될 수 있는 무서운 위험이 있기 때문이다.

신비한 체험을 간직하고 있는 사역자가 바람직한 사역의 열매를 맺을 것이 분명하다.

> – 아무리 읽어도 영감을 느끼지 못하는
> 책을 읽은 후 –

19. 세 가지 힘을 소유한 목사가 되어야 한다.

내가 신학교에 다니면서, 그리고 선배 목사님들에게 많이 들은 소리가 목회자가 준비할 것 3가지와 목회자가 조심할 것 3가지, 목회자가 소유할 것 3가지에 대해 들었다.

그 중에 목회자는 3가지 힘을 소유해야 된다고 강조한 내용이 기억된다.

그 첫째는 **영력이 있어야 된다**는 것이다.

영력이 없으면 무능한 목회자, 무능한 지도자가 되는 것이다. 초대교회 사도들처럼 영력있는 목사가 되어야 사람을 변화시키고 성령의 역사를 일으킬 수 있는 것이다.

영력없이 사역자가 된다는 것은 고달픈 일이요, 지겨운 걱정이 될 것이 뻔하다.

다음은 **지력이 있어야 된다**는 것이다.

"아는 것이 힘이다."는 말이 있듯이 지도자는 먼저 알아야 하고 먼저 체험해야 한다.

여기에서 안다는 것은 머리로만 아는 것을 가지고는 부족하다. 경험적인 지식이라야 하고, 확신있는 실력이어야 되는 것이다. 바야흐로 세계는 책 두 권 읽은 자가 한 권 읽은 자를 지배하는 세상이기에 상당한 식견과 상식과 전문화된 지식이 필요하다. 무엇보다 성경에 대해서는 앞서가야 될 줄 안다.

마지막은 **체력이 있어야 된다**는 것이다.

육신 건강은 정신 건강과 상호 관계가 있고 또 정신 건강이 육신 건강에 영향을 준다. 뿐만 아니라, 건강은 건강한 인격과도 관계가 있는 것이다.

사역자의 길은 절대 다수가 몸으로 뛰어야 하고 봉사와 희생이 따르는 일이기에 체력이 그 어떤 지도자보다 더 필요한 것이다.

예수님께서도 30세에서 33세까지 사역을 하신 것은 육신의 가장 전성기에 하신 것으로 생각된 것이다. 육신의 건강을 위해서는 긍정적인 생각과 기쁜 마음으로 의욕적으로 일해야 하며, 특히 시간적으로 질서있고 체계있는 생활을 해야 할 것이다.

사랑하는 아들아,

운동 선수가 되지 않을 바에야 운동이 빠져 버리는 것은 좋지 않지만 조금 일찍 자고 일찍 일어나는 알맞은 운동은 꼭 필요하다. 건강 유지를 위해 알맞은 노력과 시간 투자는 더 많은 일을 할 수 있는 저력을 배양하는 것이다.

영력, 지력, 체력 이 세 가지 힘을 소유한 아들이 되기를 바라
며 기도한다.

— 새벽 2시 20분,
연구실에서 기도중 아빠가 —

20. 목회자가 준비할 것 3가지

물론 목사가 3가지만 준비해야 되겠느냐만 항상 준비해야 될 것이 3가지라는 것은 오랫동안 목회를 해오신 선배 목사님들의 교훈이다.

그것의 첫째는 설교이다.

요즈음은 모든 일을 계획적으로 하고 또 목사가 귀하지 않아 옛날보다는 적지만 목사는 어디를 가든지 갑자기 설교 부탁을 받을 때가 많기에 항상 기본적으로 몇 편의 설교는 준비해서 갖고 다녀야 한다는 것이다. 그래서 아무리 갑자기 부탁을 받아도 할 수 있어야 되는 것이다.

둘째는 이사를 항상 준비해야 된다는 것이다.

물론 이것도 요즈음 상황과는 차이가 있겠지만 그래도 언제 생길지 모르는 상황이다.

교회가 싫다고 하면 항상 떠나야 할 각오와 준비가 되어 있어야 하고 또 하나님이 갑자기 인도하실 때에는 미련없이 가야할 것이다. 우리는 유난히 이사를 많이도 다닌 사람들이다.

물론 어느 한곳에서도 배척을 받았다거나 문제가 있었던 것은 아니다. 그러나 하나님이 할 일 많은 곳으로 인도하셨기에 때로는 가기 싫어도 순종하지 않을 수 없었다. 너도 기억할 것이다.

대구에서 의성으로, 의성에서 부산으로, 부산에서 서울로, 서울에서 또다른 지역으로, 그러다보니 대도시에서는 다 살아본 것 같구나. 목사가 가진 것은 다 자기 것이 아니다. 모두가 교회의 것이다. 그러나 하나님이 책임져 주시는 길이기에 항상 이사 준비를 해야 된다는 것이다.

그리고 셋째는 죽음에 대한 준비를 해야 한다.

죽음이야 목사만 준비해야 될 일이 아니고 누구든지 다 준비해야 되지만 특히 목사의 길은 복음을 위해 생명을 걸어야 하는 길이다. 목숨을 아까워 하다가 역사에 수치를 남기고 한국 교회의 부흥에 악영향을 끼쳤던 자들도 없지 않다. 그러므로 무엇이든지 죽을 각오를 하면 성공하듯이 목사의 사명은 악세사리도 아니고 선택 과목도 아니다. 그러므로 생명을 걸어야 하는 것이다.

물론 목사가 이 세 가지만 준비한다고 다 된 것은 아닐 것이다. 항상 기도로 준비하고 연구해야 하며, 자신을 필요로 하면 한밤중이라도 달려가야 하는 것이 목사의 사명이지만 옛날 선배들이 특히 이 세 가지를 강조해 왔단다.

사랑하는 아들아,

사역자의 길은 힘들고 어려운 길이다.

그런데도 예수님께서 "내 멍에는 가볍고 쉽다"고 했듯이 가장 기쁘고 보람된 일이요, 하나님이 적극적으로 도우시고 함께 하시는 일이 아니겠는가.

내가 이 세상에 다시 태어난다고 해도 내가 해야 할 일은 이 일 밖에 없다고 생각될 때가 한 두 번이 아니다. 물론 육체적으로나 정신적으로도 힘드는 일이다. 그러나 이보다 더 보람된 일은 그 어떤 것도 없다고 확신하기 때문이다. 할렐루야.

> ─ 아빠의 대를 이어
> 신학에 도전하는 아들에게 ─

21. 목사가 조심할 것 4가지

나는 부흥회에서나 선배 목사님들로부터 목사가 조심해야 할 세 가지를 여러번 들어왔다. 그것은 여자와 물질과 교만이었다. 그러나 나는 여기에 한 가지를 더 추가해서 나름대로 목사가 조심해야 할 것 네 가지를 말한다.

교회는 남자보다 여자가 더 많은 것이 기독교의 전통이라고 해도 과언이 아니다. 사람을 상대하는 것이 목사이기에 특히 여자들의 유혹에 빠져 진로에 치명타를 입거나 사역에 흠집이 생기면 안되는 것이다. 우리 사회의 교계는 더더구나 여자 문제에 흠집이 생기면 아예 용서하려고 하지 않고 오히려 교묘하게 스켄들을 만들어 궁지에 몰아넣는 수법을 쓰는 악랄한 자들도 없지않는 현실이다. 그리고 물질 문제는 정말 깨끗해야 한다. 예산에 정직하고 공과 사를 가리고 금전 사용에 대해 욕심부리지 말아야 한다.

우리나라는 가난의 경험을 가진 사람들이 절대 다수이기 때문에 물질 문제에는 아주 예민한 편인 것도 사실이다.

사랑하는 아들아,

내가 감당하지 못할 돈을 빌리거나 아무리 친해도 금전 거래는 삼가는 것이 좋다. 잘못 하면 돈 잃고 사람 잃게 되는 것이다. 아예 내 능력의 범위내에 그냥 주는 것은 몰라도 빌려주는 것은 삼가야 할 것이다. 더더구나 목사가 보증을 서주는 일은 절대로 삼가야 한다. 그것은 목사가 할 일이 아니기 때문이다. 그런 일 때문에 사역에 지장이나 차질이 있어서는 안될 것이다.

예수님은 돈을 빌리거나 꾸어준 기록이 없지 않은가?

또 목사가 돈에 눈이 어두워지기 시작하면 영력은 필연적으로 상실되기 마련이다. 그렇다고 해서 물질을 상관하지 말거나 멀리 하라는 말은 아니다. 아주 지혜롭게 관리하고 검소한 생활과 계획적인 지출을 해야 할 것이다.

그리고 교만은 하나님이 가장 싫어하는 것이고 은혜의 문을 막는 것이다. 목사가 교만하면 하나님 앞에서는 끝장이다. 하나님은 겸손한 자에게 은혜를 주시고 교만한 자는 쓰시지 않는다. 그러므로 학벌이나 자신의 실력을 자랑하지 말고 겸손히 최선을 다해야 할 것이다.

또 한 가지 더 조심해야 할 것은 나태이다.

자신도 모르는 사이에 같은 일이 반복되는 관계로 매너리즘에 빠지기 쉽단다. 그러므로 항상 노력해야 한다. 노력이 중단되는 순간 발전은커녕 퇴보하게 되는 것이다. 최후의 순간까지 최선의 노력이 있어야 한다. 무엇이든지 연구하지 않고 배우지 아니하면 퇴보하기 마련이다.

이 문제에 대해서는 너도 천성적으로 아빠를 닮아 노력할 것이니 걱정하지 않아도 될 것 같다. 그러나 항상 방심하지 말고 경험자들의 말에 귀를 기울이고 조심해야 할 것이다.

— 금요철야 기도를 앞두고 —

22. 목사가 계속할 것 5가지

목사가 계속해야 될 것 5가지가 있다.

그것은 기도와 성경 묵상과 말씀 연구와 설교 준비 그리고 영혼 사랑이다. 기도 없는 성경공부는 성경을 잘 아는 사단의 종이 될 위험성이 있다. 아무리 많이 알고 잘 가르쳐도 영적인 감화는 줄 수 없을 것이다. 반면 성경을 모르고 하는 기도는 잘못된 기도이며 이방 종교가 드리는 기도처럼 주문이 되거나 좌우로 치우칠 위험성이 있다. 기도와 말씀은 신앙생활의 가장 중요한 뿌리요, 두 수레바퀴와 같은 것이다. 지도자는 더욱 더 기도해야 되고, 더욱 말씀에 대한 묵상의 시간을 많이 가져야 한다. 그리고 영혼을 계속적으로 사랑하며 설교를 준비해야 하는 것이다. 영혼을 사랑하지 않는 전도나 교육이나 설교는 아무런 의미가 없는 것이다.

어떤 사역자들은 설교 준비를 거의 하지 않고 남의 설교집만 전문적으로 이용하다가 교인들에게 배반을 당하는 경우도 보았다. 물론 참고서를 보는 것이 나쁘다는 의미는 아니다. 다만 문자 그대로 참고이지 내 심령에서 우러 나오는 것은 될 수 없는 것이다. 설교는 자신의 신앙고백이어야 산 설교가 되는 것이다. 천하보다 귀한 생명을 먹이는 설교는 정말 기도하는 가운데 준비되어야 하며 때로는 해산하는 고통이 있을 것이다.

신학교에서의 강의도 마찬가지이다. 세상의 다른 어떤 학문 전달과는 차원이 달라야 하는 것이다.

머리의 전달만을 목적으로 하지 말고 머리로서 깨달은 것을 가슴으로 전달하고, 가슴으로 전달된 지식은 뜨거운 지식이 되어야 하는 것이다. 어떤 신학교 교수들은 10년, 20년 동안 하나의 원고만 가지고 발전도 없이 계속하는 것을 보고 얼굴이 두껍다고 느껴질 때도 없지 않았다.

더구나 목사는 자기 분야에 시간을 투자해야 되는 것이다. 욕심을 부려 학교에서 교수도 하고, 또 다른 신학과, 주야간 여기 저기 강의도 맡고, 세미나 강사로도 다니고 게다가 개척교회까지 하니 연구할 시간이 있을리 만무한 것이다.

한 가지에 전문가가 되어야 하는 것이다. 팔방 미인은 기생의 신분이지 전문가의 신분은 아니지 않겠는가?

사랑하는 아들아, 잊지말아라 목사가 계속할 것 5가지 말이다.

- 연구실에서 아빠가 -

23. 인격관리를 잘해야 한다.

사람과 사람과의 관계는 인격이 있어야 인간다운 관계로 아름다운 조화가 이루어진다.

인격이 없는 만남이나 모임은 오래 가지 못하는 것은 물론이고 좋은 결과를 기대할 수도 없다. 목사의 생활은 평생 여러 부류의 사람들을 상대해야 하기 때문에 항상 타인의 눈을 의식하지 않을 수 없다. 인격이 체질화되지 아니하면 자연적으로 힘들고 피곤할 수밖에 없다.

정직과 진실, 그리고 성실과 예의바른 인사성, 질서를 지키는 일, 알맞은 언어사용, 절제 등 모두 인격의 중요한 부분이란다. 그리고 무엇보다 인격관리에 제일 중요한 것은 온유와 겸손이 아니겠니? 우리는 예수님을 따르는 자들이기에 예수님을 닮아가는 삶이 우리의 목표요, 표준이 아닐까 한다.

아무리 똑똑하고 준수하고 모든 면에 달란트가 많다 할지라도 온유하고 겸손하지 못하면 좋은 목사가 될 수 없는 것이란다. 그러므로 언제나 온유하고 겸손하도록 노력하여 이것이 인격화되어야 한다. 일시적으로 인정받기 위해 특별한 대상 앞에서만 온유하고 겸손한척 하는 것은 바람직하지 못함은 물론이요 이중적인 인격이 되는 것이란다.

그리고 인격관리에는, 절제와 인내가 또한 필수적이란다. 쉽게 화를 내거나 속단하거나 경거망동하는 것은 인격자가 취할 행동이 아니란다.

사랑하는 아들아, 화가 날 때에도 참고, 빨리 성취하고 싶은 것도 절제하며 매사에 침착하게 행하는 것이 지혜로운 일이란다.

참을때 참지 못하면 후회하게 되고, 절제없는 말이나 행동 역시 후회하게 되며, 타인에게 피해를 주는 것은 물론이거니와 좋지 못한 이미지를 주게 된단다.

많은 사람들이 돈과 명예, 권력이나 옷에는 관심을 가지지만 인격에는 관심을 가지지 않기에 인격적인 성숙이 안되며 더딘 것이란다. 그런데도 사람들은 아이러니하게 타인의 인격에 대해서는 얼마나 예민한지 모른단다.

언제나 비인격자는 타인을 판단하는데 숙달되어 있고, 인격자는 자신을 살피고 검토하는 삶을 사는데 익숙해 있단다.

목사의 인격관리는 무엇보다 신앙과 삶의 본이 아니겠니? 서기관들처럼 가르치기만 잘하고 자신들은 행하지 않는다면, 바리새인들처럼 외식과 형식에 길들여져 있다든지, 열심당원들처럼 왜곡된 열심은 결국 인격에 실패자가 되는 것이다.

인격이 저급한 자는 지도자가 될 수 없으며, 만일 지도자가 된다 하더라도 그는 필히 지배자로 변할 것이며, 그에 따른 부정들과 피해는 이루 말할 수 없을 것이다. 인격자는 저절로 되어지는 것이 아니라 인격관리를 잘해야 된다는 것을 꼭 명심하기 바란다.

- 해외집회중 어느날 연구실에서 아빠가 -

24. 시간관리를 잘해야 한다.

아들아, 어떤 의미에서는 시간관리의 성공자가 인생의 성공자요, 시간관리의 실패자는 인생의 실패자라고 해도 과언이 아니다. 누구에게나 하루의 시간은 24시간이요, 동일한 속도로 진행되는 것이다. 성경은 '시간을 아끼라'(세월을 아끼라)고 했다. 그리고 때가 악하기 때문에 더욱더 시간을 아끼라 했다.

그것은 세상이 악하기에 악의 유혹에 시간을 낭비할 위험성이 더 많기 때문인줄 안다.

사랑하는 아들아,

우리는 우리 각자에게 주어진 시간이 얼마인지 아무도 모른다. 그것은 하나님의 섭리이며 우리에게는 감추어진 비밀이 아니겠는가. 그러므로 하루 하루 주어진 시간을 유용하고도 가치있게 사용하는 것이 인생의 사명인줄 안다. 찬송가에도 "일할 때 일하면서 놀지 말아라"고 했다. 많은 사람들은 힘이 있고, 건강하고, 기억력이 좋을 때를 낭비해 버리고 그것을 잃어버리고 난 이후에 그것의 가치를 깨닫고 발견하는 경우가 적지 않단다. 물론 그렇다고 잠도 자지 않고, 쉬지도 않고, 일하고 노력하라는 말은 아니다. 쉬는 것과 노는 것은 다르지 않겠는가?

알맞은 휴식과 잠이 필요한 것이 인간의 육체가 아니겠는가? 그러나 아무런 계획없이 그날 그날 닥치는대로 시간을 보내는 것보다는 계획을 세워 질서있게 그리고 효율성있게 사용하는 것이 좋을 것이다. 시간에 쫓기는 생활보다는 시간을 관리하는 삶을 살아야 할 것이다.

어떤 때는 밤을 새우고 어떤 때는 계속 시간 관념도 없이 잠을 자고 하기보다는 특별한 경우를 제외하고는 짜여진 시간에 의해 하루 하루를 진행하는 것이 좋지 않겠는가?

먼 장래에 대한 계획과 또 1년의 계획, 그 달의 계획 그 주의 계획 또 하루하루의 계획을 세워 충실히 노력하고 살아가는 것이 보람되고 가치있는 삶이 될 줄 믿는다.

아무래도 젊을 때는 더 열심히 공부해야 되지 않겠는가? 물론 죽을 때까지 책을 손에서 놓지 말라는 말을 하지만 연구하고 배우는 것은 젊어서 기억력이 좋을 때에 더 많이 해야 할 것이다. 배우는 과정없이 바로 실전에 들어가면 바람직하지 못한 결과가 오지 않겠는가?

사랑하는 아들아,

너의 노력과 집념에 나는 항상 기쁘게 생각하며, 네가 게으르지 않고 적극적이라는 사실에 대해서도 너무나 자랑스럽게 생각한다. 그러나 너무 잠이 모자라거나 많은 분량의 일로 무리하지 않기를 바란다.

　단기전 보다 장기전을 세우고 다음 날을 위해 오늘을 무리하지 않는 쪽으로 했으면 좋겠다. 그리고 적당한 운동도 매일 하는 습관을 기르는 것이 좋지 않겠는가?

　건강없이는 아무 목표도 도달할 수 없다. 건강은 질서있는 생활과 그리고 먼저 정신건강에서 시작되는 것이 아니겠는가?

　시간에 쫓기지 말고 시간을 잘 관리하는 사람이 되기를 바란다.

－ 1997. 미국 집회중 이른 아침에 －

25. 물질관리를 잘해야 한다.

사랑하는 아들아, 지도자는 관리능력이 있어야 한다.

여러 부분에서 관리를 잘해야 유능한 지도자가 될 수 있는 것이다.

그중에 특히 물질관리 능력이 없거나 부족하면 유능한 지도자가 될 수 없는 것이다. 요즈음 더욱더 모든 면에 그러한 것 같다. 대통령도 경제 정책에 실패하면 다른 면에서는 높이 평가를 받아도 결국 실패로 보는 현실이 아닌가?

인간은 유한 세계 속에 물질과 함께 존재하기 때문에 물질을 잘 관리할 줄 알아야 한다.

절제없는 낭비나 계획없는 지출로 자신의 수입과 균형이 잘 맞지 않는 지출은 삼가야 할 것이다.

검소하게 꼭 써야 될 때는 쓰고 불필요한 지출은 막아야 되며,

자신의 수준에 맞지 않는 과다한 지출은 삶의 리듬을 깨뜨려 버릴 것이고 결국은 어려움과 근심거리를 심는 행위가 될 것이다.

대다수의 목사들의 삶을 볼 때 물질관리 능력이 부족함을 느낄 때가 많다.

너무 받을 줄만 알고 쓸 줄을 모르는 경우라든지 아니면 무계획적으로 마구 써버리고 믿음으로 산다고하는 태도라든지, 항상 미래를 염려하며 불안해하는 자세라든지, 자기밖에 모르는 이기주의나 소수주의는 모두 시정해야 할 삶의 자세가 아니겠는가. 목사는 기업인도 아니며 사업가도 아니다. 그러므로 물질관리를 잘해서 가치있게 사용하는 훈련이 되어 있어야 할 것이다.

남의 돈을 빌려서 구제할 수는 없는 것이고, 내일을 염려하여 쓸데도 쓰지 않고 오로지 저축하는데만 전념해서도 안된다.

'이상은 높이 가질수록 좋으나 생활은 평범할수록 좋다.'는 말도 있지 않는가?

물질은 모두 다 하나님의 것이라는 기본적인 인식에서 시작해서 하나님의 것과 나에게 허락된 기준을 구별하는 지혜와 삶이 필요하며 항상 감사하는 자세로 살아야 할 것이다.

그리고 항상 선하게 사용할 줄 아는 지혜가 필요하다.

돈이 일만 악은 아니나 잘못 사용하면 일만 악의 뿌리가 될 수 있는 것이다. 있어도 교만하지 말고, 없어도 비굴하지 말며 자신의 형편대로 사는 훈련이 필요할 것이다. 인색함은 금물이다. 그러나 검소한 삶을 살아야 한다. 그래야 필요할 때 멋지게 쓸 수 있기 때문이다.

사랑하는 아들아,

너는 하나님께 항상 물질로 감사하는 생활을 하기 바란다.

십일조 뿐 아니라 십분의 이, 십분의 삼도 바치는 삶이 이루어지기를 바란다.

하나님은 물질 관리의 능력이 있어야 물질의 복도 주신다는 사실을 명심해야 된다. 하나님께서 너를 구차하게 살도록 내버려 두지는 않을 것이다. 그러나 구차하게 사는 자를 생각하는 삶을 살기를 바란다.

남에게 도움을 주는 삶을 살지언정 도움받는 삶은 되지 않기를 바란다.

그리고 모든 면에 뱀처럼 지혜로워야 된다. 왜냐하면 세상은 양심시대가 아니기 때문이다. 순진하고 정직한 것과 어리석고 고지식한 것과는 차원이 다른 것이 아니겠는가?

지혜롭게 물질을 관리하는 지도자가 되기를 바란다.

— 사업의 실패 때를 생각하며
아빠가 —

26. 건강관리를 잘해야 한다.

사랑하는 아들아,

건강할 때 건강관리를 잘해야 된다는 말이 있지 않는가?

건강주의자는 바람직하지 못하다고 본다. 그러나 건강관리를 하는 부지런함과 절제와 지혜는 아주 중요하다고 생각한다.

육신건강은 정신건광과 불가분의 관계를 가지고 있기에 정신건강 역시 육신건강에 직·간접 영향을 준다고 믿는다. 뿐만 아니라 건강은 영력과도 무관하지 않다고 본다.

예수님도 가장 건강한 나이에 사역을 하시지 않았는가?

모든 면에 관리 책임은 인간에게 있는 것이고 하나님께서 인간에게 관리 능력도 주셨기에 게으르지 말아야 할 것이다.

나는 지금까지 나에게 건강을 주신 하나님께 늘 감사한다.

물론 건강의 고비가 없었던 것은 아니지만 주께서 회복의 은총과 열심을 주신 것도 감사한다. 또 너희들이(아들과 딸) 나의 건강에 관심을 가져주어서 고맙다. 뿐만아니라 모든 성도들이 늘 나의 바쁜 스케줄과 건강을 위해 기도해 주셔서 고맙기도 하다.

사랑하는 아들아,

나는 너에게 건강을 주신 하나님의 은혜에 감사한다. 그러나 과욕은 건강을 해칠 수도 있고 무질서한 삶의 연속은 건강에 적신호가 될 수 있단다. 필요한 운동, 적절한 수면, 항상 긍정적인 삶의 자세는 넘치는 건강을 보존할 것이다.

운동도 한 번씩 하되 무리한 운동은 피하도록 해라. 그것은 더욱더 피곤하게 만들 뿐이지 큰 도움이 되지는 않을 것이다.

계획적인 생활, 규칙적인 운동, 알맞은 식사, 의욕있는 노력은 건강을 보존할 것이다.

지구력과 인내력도 건강과 관련이 있는 것이 아니겠는가?

사랑하는 내 아들아,

나는 건강을 잃어버린 경험이 있지 않는가?

결국 인간의 육체는 영체가 아니라 신체이기에 육신의 한계를 무시하면 안된다는 사실을 깨닫게 되었단다.

그러나 아직 너의 나이에 지나치게 건강에 신경을 써서 할 일도 못한다면 그것 역시 바람직하지는 않다.

그러나 오랫동안 더 많은 사역을 위해 힘을 저축하고 아끼는 것은 지혜로운 행동이 아니겠는가?

사랑하는 아들아,

이곳은 미국의 남쪽이란다. 지금 한국은 겨울이지만 여기는 늦은 봄처럼 낮에는 덥지만 아침 저녁 기온은 활동하기에 알맞은 기후란다. 아파트 창문을 통해 밖을 내다보니 너무나 깨끗하고 싱싱한 잔디와 푸른나무, 아름드리되는 고목이지만 너무나 튼튼한 느낌을 주는 풍경들이 내 눈을 가득 채우고 있단다. 병든 나무, 시들은 고목은 보이지 않는구나.

이렇게 관리를 잘하여 모두 건강한 문화, 건강한 정치, 건강한 사회, 무엇보다 건강한 교회가 되도록 노력해야 되지 않겠는가?

그러기 위해서 또 한 가지 부언하고 싶은 것은 치료보다는 예방이 더 지혜로운 처신이 아니겠는가?

나는 건강한 아들을 주신 하나님께 감사하면서 건강한 아빠가 건강한 아들에게 이 편지를 쓰고 있다. 그럼 안녕!

─ 해외집회중 조용한 아침에 ─

27. 영성관리를 잘해야 한다.

 사랑하는 아들아!
　　목사에게는 무엇보다 영성이 있어야 한다.

　목회를 하든지, 교수직을 수행하든지 목사는 영성이 있어야지 영성이 없는 목사는 이빨 빠진 사자와 같고 날개꺾인 새와 같은 것이다.

　영성없는 지식이나 경험, 매너는 모래위에 세운 집과 같은 것이다.

　그런데 영성 역시 꾸준히 노력하고, 지속적으로 잘 관리를 해야 영성이 보존되고 향상되고 풍성해지는 것이지 저절로 되어지는 것은 아니다. 이것을 명심해라.

　세례 요한은 영성관리를 위해 광야 생활과 검소한 생활을 했고, 예수님께서도 영성관리를 위해 새벽기도와 철야기도를 하셨던 것이다.

영성관리는 꾸준한 기도 생활과 말씀 묵상이 아니겠는가?

기도와 말씀 없이는 영성관리가 불가능한 것이다. 영성관리가 되어야 영적인 능력과 영적인 삶으로 연결될 수 있는 것이다.

어떤, 설교 잘하기로 소문난 목사님이 신학교에서 부흥회를 인도하시고 난 후, 학생들에게 집회 결과를 물었더니 이구동성으로 "설교는 참 잘하시는데 은혜는 받지 못했다." 라는 아이러니한 대답이 나왔다고 한다.

은혜있는 가르침이나 은혜있는 설교는 영성에서 나오는 것이다. 무슨 말을 하느냐도 중요하지만 그 말을 누가 하느냐가 더 중요한 것이다. 같은 콩이지만 두부를 만들기도 하고 콩나물을 만들기도 하고 된장도 만들어 나오기도 하는 것이다.

가룟 유다가 구제론을 폈을 때 예수님은 공감대를 느끼지 못하셨다.

사랑하는 아들아!

너는 영성이 풍성한 목사가 되어라. 영성이 없는 신학교 교수는 얼마나 그에게 맞지 않는 직이며 어떤 의미에서는 가련하기도 하다.

풍성한 영성이 있는 목사는 하루 아침에 되는 것이 아니다. 계속적인 경건 생활의 열매가 아니겠는가?

기도하는 다니엘 앞에 굶주린 사자도 덤비지 못하는 영성, 베드로의 권능앞에 거짓말로 속이려고 하던 아나니아와 삽비라 부부의 절명은 그들의 충만한 영성의 결과가 아니겠는가?

영성이 풍성해야 악한 마귀가 한 길로 왔다가 일곱 길로 도망가게 하고, 영적인 전쟁에서 승리할 수 있는 것이다.

영성없이 영력이 가능하겠는가? 영성없는 신학교육은 서기관들과 같은 자들을 만들고 결국 무능한 크리스천을 만드는 것이다.

사랑하는 아들아!

너는 기도 많이 하는 목사, 성경 말씀을 꾸준히 묵상하고 말씀대로 살려고 몸부림치는 목사, 목사의 인격과 품위가 갖추어져 있는 목사가 되기를 바란다.

개인적인 기도생활과 말씀의 연구가 없는 목사는 결국 직업이 되고 세속화의 선봉이 되는 것이다.

나는 네가 똑똑한 목사이기 이전에 겸손한 목사, 훌륭한 목사, 영성이 있는 목사가 되기를 기도한다.

우리는 지금 그 어느때 보다 영성의 빈곤을 느끼는 시대에 살고 있다는 것을 명심해라. 그렇다고 다른 사람들은 다 영성이 없다고 속단하거나 비난하지도 말아라. 영성은 운동이 아니라 나 스스로의 노력이다.

계속 영성관리에 최선을 다하기 바란다.

— 조용한 시간에 —

28. 제자관리를 잘해야 한다.

사람이 세상에 사는 보람 중에 하나가 제자 양성이다. 사람을 키우는 일보다 더 보람된 일이 어디있겠는가?

내가 듣기로는 톰슨 주석 성경은 13대째 아들 목사에 와서 완성했다고 한다. 지도자는 사람을 키우고, 지배자는 사람을 키우기보다 이용하고 부려먹은 것이라고 본다. 아들이 부모보다 나아야 하고, 제자가 스승보다 나아야 하고, 내일이 오늘보다 발전해야 된다고 생각한다.

세례 요한 보다 더 큰 이가 예수님이셨고, 다윗보다 더 위대하신 이가 다윗의 자손 예수님이셨다. 그러므로 훌륭한 제자가 많이 양성되어야 한다.

예수님은 제자관리를 잘 하셨다. 그 결과 예수님보다 더 큰 일을 한 부분도 적지 않았다. 제자 역시 저절로 되는 것이 아니라 관리, 즉 양육을 잘해야 하는 것이다.

제자양육의 첫째는 먼저 제자를 사랑해야 한다.

사랑이 없는 교육은 결국 배반하게 되고 훌륭한 제자가 양육되어질 수 없다. 예수님은 정말 제자들을 사랑하셨다. 한 예로 요한복음 17장에 제자들을 위한 예수님의 중보의 기도는 그의 제자를 사랑하는 마음을 잘 보여준다. 사람을 감동시키고 변화시키는 것은 사랑이지 폭력이나 권위가 아니다.

다음은 제자를 잘 가르쳐야 한다.

본을 보이지 않는 교육은 지식 전달은 가능하나 인격 전달은 불가능하다.

예수님의 교육은 모두 본을 보이는 교육이셨다.

뿐만아니라 제자를 위해 끊임없이 기도해주고 과감하게 일을 맡겨야 한다. 많은 사람들은 제자를 만들기보다 자신의 종을 만들기 원한다. 그리고 평생 자기 수하에서 맹종하는 자가 되기를 원한다. 나보다 잘하기를 원하지 않는다. 그것은 진정한 지도자가 스승이 아니다.

사랑하는 아들아!

너는 위대한 스승이 되어 더 위대한 제자를 많이 배출하기 바란다. 사람은 인격에 감동하는 것이지 지식에 감동하지는 않는다. 제자를 관리할 능력이 없는 자는 이미 스승의 달란트가 없는 자이다. 무능력자는 능력자를 관리할 수가 없는 것이다. 기관차가 객차를 끌고 가는 것이지 객차가 기관차를 끌고 갈 수 있겠는가?

사랑하는 아들아!

너는 어릴 때부터 친구들을 잘 사귀었고, 많은 친구들이 너를 좋아하는 것을 보면 너는 좋은 스승이나 지도자가 될 기질이 있는 것으로 믿는다.

그러나 자만하지 말아라. 항상 겸손하고 사람 관리 능력을 훈련하고 좋은 인각 관계를 연마해야 한다. 내가 늘 기도하고 목표하는 것 중 하나가 나를 통해 은혜받은 성도들이나 청소년들, 그리고 학생들 중에 위대한 정치가나 교육자, 목사 등 여러 분야에 많은 인물들이 나타나기를 바란다. 그러나 이것이 자기 희생이 없이 가능하겠는가? 제자관리를 잘하는 아들이 되기를 바란다.

— 오후 시간에 —

29. 가정관리를 잘해야 한다.

 사랑하는 아들아!
이제 너의 나이도 결혼 적령기가 되었구나.

너는 어릴 때 세상에 부러울 것이 없을 정도로 좋은 유치원과 학교를 거치면서 자랐지만 네가 초등학교 6학년에 올라갈 때쯤 아버지의 사업 부도로 4년간 떨어져 생활해야 했고 말할 수 없는 고생도 했을줄 안다. 고등학교를 3번이나 전학하는 동안에도 적응을 잘하여 공부도 항상 상위권에 들어간 것을 고맙게 생각한다.

그러는 사이에 세월은 빨리가고 벌써 대학을 졸업하고 대학원을 다니는 나이가 되었구나.

모두가 하나님의 은혜요, 우리 모두의 인내와 노력의 결과인 줄 믿는다. 이제 부모의 소원은 좋은 배필을 만나 아름다운 가정을 이루면서 주님께 쓰임받는 인물이 되는 것이 아니겠는가?

하지만 명심할 것은 이제 네 인생은 네가 사는 것이기에 부모가 지켜보기만 하고, 기도만 할 뿐이지 관리하지는 않을 것이다. 그렇기 때문에 제일 먼저 좋은 가정을 이루어야 하고, 이런 좋은 가정은 좋은 만남에서 가능한 것이다.

물론, 피차 완전한 자의 만남은 아니다. 그러나 서로 인격을 존중히 여기고 이해하면서 사랑하고 협력하는 관계가 된다면 좋은 가정을 이룰 수 있지 않겠는가?

이상이 다르다고 서로가 고집을 부리거나 성숙의 노력이 동일하지 아니할 때는 자연적으로 삶의 틈이 생길 위험성도 있는 것이다. 모든 행복과 참된 성공은 가정에서 출발하는 것이다.

잘못된 가정에서 성장한 사람은 지배자나 독재자, 또는 역사의 오점을 남기는 오류의 인생이 될 위험성이 없지 않다.

가정을 제대로 관리하지 못하면서 지도자가 된다거나 다른 사람을 가르친다는 것은 너무나 모순이다. 기술자가 되는 것과 지도자가 되는 것과는 다른 것이다. 고기를 잡는 일이나 기계를 다루는 일 등 자연을 상대하는 것과 사람과 사람을 만나면서 가르치는 일을 하는 것과는 근본적인 차이가 있는 것이다.

가정은 관리를 잘해야 좋은 가정이 되고 행복한 가정이 되는 것이다. 가정이 하숙집이 되거나 삶의 편리만 준다면 참된 가정과 가족은 불가능한 것이다.

성경은 남편은 아내를 사랑하고, 아내는 남편을 존경하라고 했다. 부부는 사랑의 관계에서도 서로 질서가 있어야 하는 것이다. 남편과 아내는 차별이 있을 수 없다. 그러나 구별은 되어야 되는 것이다. 남편의 도리와 아내의 도리, 그리고 각자에게 주어진 일과 위치가 있는 것이다.

사랑하는 아들아!

너는 좋은 가정을 이루기를 바란다. 그리고 가정 관리를 잘하는 자가 되기를 바란다. 가정의 윤리와 질서가 무너지고 무계획적으로 닥치는대로 하루하루 살아가는 요즘 흔히 보게 되는 뼈대 없는 가정을 나는 원치 않는다.

믿음의 뿌리와 전통이 있고 예의와 질서가 있으며 가정의 포근함과 따뜻함이 있는 평화스러운 가정, 주님이 언제나 머무는 가정이 되기를 바란다.

― 아들의 결혼을 생각하며 ―

30. 세계가 필요로 하는 인물이 되어라.

사랑하는 아들아!

너는 세계가 필요로 하는 아들이 되어라. 사람이 이 세상에 한 번 태어났으면 무엇인가 흔적을 남기고 가야 하지 않겠니?

하나님께서 각자에게 달란트를 주셨는데 그 달란트를 잘 활용하는 것이 이 세상에 태어난 인간의 사명이 아니겠니? 사람은 먼저 사명을 인식해야 하고, 사명에 충실해야 되는 것이 사람의 도리라고 본다. 사명에 충실하기 위해서는 무엇보다 큰 뜻, 큰 포부, 큰 스케일을 가져야 된다. 물론 여기에서 크다는 말을 오해하지 않기 바란다. 사람이 태어나서 자기 자신의 생각과 테두리에서 벗어나지 못한다면 성경에 한 달란트 받은 자와 같이 되는 것이다.

지금 세계는 한 지구촌이다. 그러므로 나만 위하고 내 국가만 위한다면 그것은 21세기를 사는 것이 아니라 21세기 속에서 원시적인 사고방식을 가지고 살아가는 것 같은 모순이 아닐 수 없다.

사랑하는 아들아!

나는 38살에 다시시작한 공부였고 사역이었지만 세계를 가슴에 품었고 그리고 하나님께 기도했고, 자신의 노력도 게을리하지 않았다.

그러다보니 16년이 지난 지금 세계 각국 여기 저기에서 초청이 오지만 다 응하지 못하고, 시간과 공간의 제한 육체의 한계가 아쉽기만 하다. 세계가 나를 필요로 하는 사람, 여기 저기에서 나를 필요로 하는 사람으로 오로지 자기가 하는 일 한 가지에 전문가가 되어야 하는 것이다.

바야흐로 지금은 모든 것이 세계적이지만 반면 전문가의 시대인 것이다. 오직 한 가지 일, 그 일에 전심전력하고 최선을 다하는 것이다.

나는 아버지로서 네가 어떠한 것을 했으면 하는 바램을 요구하고 싶지는 않다. 이제 너는 아버지의 인생을 살아주는 것이 아니라 네 인생을 사는 것이기 때문이다.

그러나 한 가지 분명한 것은 하나님께 영광돌리고, 나에게 주신 사명에는 최선을 다하며 충실해야 하는 것이다. 무엇이든지 하나님 중심, 성경중심, 신앙중심이어야 하며, 이것은 네 육신의 아버지인 나의 바램이기 전에 근본적인 우리 하나님 아버지의 소원이 아니겠는가?

하나님은 하나님을 기쁘시게 하려고 하는 자는 결코 버리지 아니하시고 돌보아주시며 인도하시며 복을 주실 것이다.

사랑하는 아들아!

전문성이 없는 지식은, 오래 가지 못하며 빛바랜 꽃처럼 시들고야 마는 것이다. 날마다 연구하고 노력하고 새로운 진리를 발견하는 일에 게으르지 말 것을 당부한다. 나는 지금 샌프란시스코와 플로리다주 두 곳의 연합집회 및 세미나 인도를 다니면서 하나님께 감사 기도를 드리고, 교회를 위해 기도하고, 무엇보다 가족을 위해 기도하면서 너에게 이 편지를 쓰고 있다.

지금 LA, 알래스카, 캐나다, 태국, 일본, 필리핀, 뱅쿠버, 러시아 등 다 가지는 못하지만 여기저기에서 나를 필요로 하고 있으니 얼마나 보람된 일이겠는가?

나는 너의 노력과 집념을 높이 평가하고 믿으며 너를 볼 때마다 하나님께 감사하며 어깨가 올라간다. 그러나 단 한 가지, 너에게 권하고 싶은 것은 경우에 따라서 어떤 일은 때를 기다리고 급히 서두르지 말아야 할 때도 있다는 사실이다.

그럼, 오늘은 이만 쓰겠다.

— 밤 12시 50분에 비행기 안에서
세계가 필요로 하는 아들이 되기를 바라는 아빠가 —

31. 하나님이 보시기에 좋은 삶

사랑하는 아들아!

우리는 무엇보다 하나님이 보시기에 좋은 자가 되어야한다. 하나님은 이새의 아들 다윗을 보고 '내 마음에 합한 자'라고 하지 않았니?

첫째는, 하나님께 인정받고 하나님의 사랑의 대상이 되어야 되는 것이다.

하나님이 야곱은 사랑하고 에서는 미워하였다고 했는데 그것은 물론 인간적인 비교 표현이겠지만 누가 하나님의 사랑을 받겠느냐가 중요한 것이 아니겠는가?

개혁주의 생활원리가 하나님 중심, 성경 중심, 교회 중심이 아니겠니?

하나님 중심의 삶이 무엇이라고 생각하니?

나는 하나님 앞에서 하나님을 의식하고 사는 삶이 아닐까 싶다.

먼저 하나님을 의식하고 살 때 하나님 보시기에 좋은 삶이 가능하다고 본다. 예수님께서 제자들에게 '너희는 기도할 때에 사람에게 보이려고 외식하지 말라'고 경고하셨다. 그리고 하나님 보시기에 좋은 삶은 하나님의 말씀과 기도를 통하여 하나님의 요구와 인간에게 향한 기대를 깨달아야 되지 않겠는가? 하나님이 어떤 일에 관심을 가지시며 우리를 향한 기대가 무엇인지 알고 그의 뜻대로 행하는 것이 하나님이 보시기에 좋은 삶인줄 믿는다.

어떻게하면 하나님을 기쁘시게 하는 사람이 될 것인가가 인간 삶의 목적이 되어야 한다.

분명히 인간은 하나님 보시기에 좋은 삶을 사는 자도 있고 싫어하는 삶을 사는 자도 있는 것이다.

자기중심적인 생활이나 육신의 정욕과 안목의 정욕과 이생의 자랑으로 사는 삶은 하나님을 기쁘시게 할 수가 없는 것이다.

우리는 성경을 통해 하나님은 하나님 자신을 전적으로 믿고 의지하며 순종하기를 원하신다는 것을 밝히 깨달을 수 있다.

믿음이 없는 삶은 하나님이 기뻐하지 아니하신다. 심지어 믿음으로 하지 않는 모든 것이 다 죄라고 하지 않았는가?

믿음은 하나님을 기쁘시게 하고, 큰 역사를 이루게 하는 원동력인 것이다.

하나님은 믿음이 있는 자를 인정하시고 그를 사용하신다. 예수님은 믿음이 없는 세대를 한탄하셨다.

사랑하는 아들아, 믿음있는 목사가 되기를 바란다.

한 세대를 마감하는 많은 선배 목사님들이 후배 목사들의 믿음 없는 것을 염려하고 있다.

앞으로 한국교회를 누가 메고 나아갈 것인가 걱정하고 있다. 성경 연구는 하는 것 같지만 영성이 약해지는 것 같고 기도 성활도 줄어들어, 기도하고 묵상하며 부지런히 뛰던 과거 선배 목사님들과 같은 열정도 점점 귀해지는 것 같다. 또 신본주의 목회자나 신학 교수들도 점점 사라지는 것 같은 느낌은 잘못된 느낌이기를 바랄 뿐이다. 우리는 하나님께만 인정받으면 다 되는 것이다.

먼저, 하나님께 인정받고 난 뒤 사람에게도 인정받고 또 무엇을 해야 되는 것인지 깨달아 알기 바란다. 하나님이 인정하지 않는데 우주가 놀랄 일을 하면 무슨 소용이 있게는가?

우리에게 주어진 사명 또는 십자가를 지고 따라가는 것이 하나님의 뜻이고 하나님 보시기에 좋은 삶인 것을 믿는다.

십자가를 피하거나 도망가는 삶은 하나님의 뜻이 아닌줄 믿는다. "아버지여 나의 원대로 마옵시고 아버지의 뜻대로 되기를 원하나이다."라는 예수님의 기도와 소원처럼 하나님 보시기에 좋은 삶을 꼭 살아 드리는 목사가 되기를 바란다.

— 조용한 새벽에 —

32. 사랑하는 아들아, 실력자가 되어라.

지도자는 학력보다 실력이 있어야 한다.

특히, 목사는 실력이 있어야 한다. 오늘 우리 교육의 모순은 학력과 실력이 비례하지 않는데에 그 허점이 있다 해도 과언이 아니다. 그래서 최초에 생긴 것이 논술고사가 아니겠는 가? 암기만 잘하면 머리좋은 자로 선택된 것이 지금까지 우리의 교육제도였다. 그러나 요즘은 I.Q 못지않게 E.Q도 있어야 한다.

목사는 특히, 세 가지 실력을 갖추어야 한다고 본다.

그 첫째는 바로 **성경지식**이다. 가르치기를 잘하고 체험적 지식을 가질 것은 물론이고 그것보다 초대교회 집사들이 가졌던 그 실력이 있어야 된다고 본다.

그것은 먼저 믿음의 실력이다. 믿음의 실력은 성령충만과 비례한다고 본다. 하나님의 말씀을 그대로 믿고 예수 그리스도의 죽으심과 부활을 믿는 신앙이 확고해야 한다.

다음은 **봉사의 실력**이다. 봉사를 잘해야 한다. 봉사에는 지혜와 경험이 필요하다. 목사의 길은 봉사의 길인 것이다. 먼저 말씀으로 봉사하며 영혼을 구원하는 일이 아니겠는가?

그리고 **인격의 실력**이 있어야 된다. 인격없는 교육은 사람에게 감동을 주거나 변화를 시킬 수 없고 사람들이 따르는 지도자가 될 수 없다.

많은 사람들은 지식과 학문에 대해서는 아는 것이 많으나 믿음의 실력, 봉사의 실력, 인격의 실력을 갖춘 자는 흔하지 않다. 이 세 가지 실력이 구비된 자는 정말 좋은 지도자가 될 수 있고 미치는 영향도 클 줄로 믿는다. 특히 인격은 대인관계에 너무나 중요한 요소이기 때문에 상당한 훈련과 노력, 자라난 환경이나 배경도 무시할 수가 없다.

인격은 바로 덕이다. 인격이 없으면 덕을 잃어 버리게 되고 덕을 잃어 버리면 사람을 잃어버리게 되는 것이다. 덕은 겸손과 온유, 그리고 희생적인 사랑에서 나오는 것이다. 무엇보다 덕을 중요시 하지 않는 교육이나 사회 풍조는 정말 위험하기 그지없는 것이다. 인격이 무너지면 좋은 인간 관계나 질서도 결국은 무너지게 되는 것이다.

사랑하는 아들아!

덕이 있는 인격을 가진 실력자가 얼마나 기대되는 지도자이겠는가? 다시 말하고 싶다. 인격은 하루 아침에 이루어지는 것이 아님을 명심하기 바란다. 인격자에게는 사람이 따르지만 비인격자에게는 사람을 이용하여 끌려오기는 하지만 따르지는 않는 것이다.

그리고 또 한 가지 꼭 잊지 말 것은 진실한 삶 그것이 바로 덕이요, 인격인 것이다. 다시 강조한다면 믿음의 실력, 봉사의 실력, 인격의 실력 이 세 가지는 어느 하나 없어서는 안될 지도자가 갖추어야 할 실력이라고 생각한다.

사랑하는 아들아! 실력자가 되기를 기도한다.

- 사랑하는 아빠가 -

33. 항상 가슴 뜨거운 신자가 되어라.

머리는 차고 가슴은 뜨겁고 온몸은 유연해야 된다고 본다. 무엇보다 가슴에 열기가 식으면 모든 의욕도 용기도 사라지게 되고 또 냉냉하고 차가운 사람이 되기 쉽다. 하나님의 사람들의 가슴은 항상 뜨거워야 정상이라고 본다. 뜨거운 감사, 뜨거운 사명감, 뜨거운 의욕을 가지고 삶을 감정적으로 살아야 10년을 하루처럼 시간 가는줄 모르고 살게 되는 것이다.

감정이 메마른 사람은 인간미가 없어지게 되고, 덕이 없는 사람이 되는 것이다.

가슴이 뜨거운 사람이라야 다른 사람의 가슴도 뜨겁게 할 수 있는 것이다. 가슴이 뜨겁지 아니하면 사람을 감동시킬 수 없는 것이다. 예수님은 가슴이 뜨거우신 분이셨다. 그래서 병자들을 볼 때마다 불쌍히 여기시고, 때로는 우시기도 하셨고, 늘 어떤 환경에서나 감사하는 마음으로 사셨다.

내가 아는 지식이 사람을 차갑게 만들기 쉽고 나이가 많아질수록 가슴의 온도가 내려가기 쉽다. 그러나 항상 기도하고 말씀을 상고하는 생활이 계속되며 성령충만하면 가슴의 온도도 식지 않을 줄 믿는다.

사랑하는 아들아! 너는 많은 사람들과 제자들에게 감동을 주는 뜨거운 사람이 되기를 기대한다. 소리를 크게 지른다고 뜨거운 것이 아니라 모든 일에 열의와 정성이 있으며 사람을 사로잡는 역사가 있기를 바란다. 예수님의 비유중에 미련한 다섯 처녀처럼 등만 있고 기름이 없으면 불은 꺼지기 마련이다.

꺼져가는 심지에 붙은 불을 가지고는 가슴 뜨거운 신자가 될 수 없다. 구원에 대한 확신과 분명한 사명감이 가슴에 불이 꺼지지 않을 때 뜨거운 사람이 될 수 있는 것이다.

기름이 떨어진 심지에 붙은 불은 오래갈 수 없다.

성령의 깨달음과 참된 진리가 가득 채워져 있지 않는 뜨거운 가슴은 오래갈 수도 없거니와 위태롭기 그지없는 것이다. 언제나 감정이 앞서가면 되지 않는 것이다.

믿음이 먼저요, 깨달음이 먼저요, 진리가 먼저인 것이다.

예수님께서 엠마오로 가는 제자에게 성령의 진리를 풀어주실 때 제자들의 가슴은 뜨거웠고 베드로가 구약시대부터 계획되고 선포된 예수 그리스도에 대한 진리를 전할 때 그 말씀을 듣던 청중들은 가슴이 뜨거워서 '형제들아 어찌할꼬'하는 회개운동이 일어났던 것이다. 피리를 불어도 춤추지 않고 애곡하여도 슬퍼하지

않는 차가운 시대나 냉냉한 감정은 회개의 역사나 사람을 변화시
키지 못하는 것이다.
　사랑하는 아들아!
　너는 가슴 뜨거운 신자가 되어 많은 사람의 식어진 가슴에 불
을 붙이기 바란다.

　　　　　　　　　　　　　－ S. F에서 집회중 아빠가 －

34. 견문을 넓히고 마음을 넓혀라.

사랑하는 아들아!

나는 항상 너같은 아들을 주신 하나님께 감사드리며 자랑스럽게 생각하고 있단다.

이번 샌프란시스코 지역 연합 제직세미나는 정말 하나님이 함께하시는 집회였단다. 7시에 시작된 집회를 마치고 약간의 교재를 가진 후 집에 도착하니 밤 12시 30분이 조금 지났구나. 먼저 하나님께 감사드리고 펜을 들었단다.

언제나 하나님이 함께 해주셔야 된다는 사실을 늘 생각하며 너의 어머니의 금식기도와 성도들의 기도의 힘으로 이번 집회를 통해서도 커다란 역사를 맺게 하신 줄 믿는다.

우리 목사들에게 필요한 것은 견문을 넓히고 마음을 넓히는 훈련이 필요하다. 세계를 무대로 하고 복음화를 위해 뛰고 달려야 하며 소극적이고 고지식한 성격의 소유자가 아니라 넓은 마음,

넓은 아량이 필요한 것이다.

학문에 열중하다 보면 대인관계가 원만해지지 못할 수도 있고, 한 가지 전문적인 것에 몰두하다 보면 마음이 좁아질 위험성도 있는 것이다. 마음이 넓어야 많은 사람을 지도할 수가 있고, 많은 사람이 따르고 존경받는 대상이 될 수 있는 것이다.

여러나라 문화와 환경을 접해보고 경험하며 특히 여러 나라의 언어를 구사할 수 있도록 노력해야 할 것이다. 나는 늦게 공부를 했기에 언어에 가장 문제가 많다.

그러나 어느 나라를 가던 여러 사람들이 도와 주어 집회도 인도하고 이곳 저곳에 부름받아 다니지만, 너는 많은 나라 언어를 구사하고 문화를 연구하며 직접 접할 수 있는 기회가 많이 오기를 바란다.

목사들의 결점중 하나가 사업가나 세상 사람들 보다 어떤 면에서는 소극적이고 마음이 좁다는 것이다. 넓은 마음을 가지도록 노력하여라.

사랑하는 아들아!

넓은 마음은 하루 아침에 되어지는 것이 아니다. 상대방을 이해하려고 노력하고 인내하는 계속적인 노력이 필요한 것이다.

많은 경험과 견문, 그리고 넓은 마음과 생각을 가진 사람은 많은 사람을 다스리고 존경받는 지도자가 될 수 있을 것이다.

- 샌프란시스코에서
집회 마지막 시간을 마치고 0시 50분에 -

35. 학문은 분석하지만 사람은 분석하지 말아라.

♥ 사랑하는 아들아!

학문을 연구하는 너에게 꼭 부탁하고 싶은 말은 학문은 분석하고 연구하지만 대인 관계에 있어서 사람은 결코 분석하거나 그 행동을 연구하지 말아야 한다.

잦은 충돌이나 대인관계가 좋지 못한 경우나 사람을 다스리는 일을 제대로 못하는 경우는 사람을 학문처럼 분석하기 때문이 아닌가 생각되어진다.

사람을 분석하면, 사귈 사람도 좋은 사람도 없어지는 것이다. 왜냐하면 결점없이 완전한 사람은 없기 때문이다. 다만 결점이 많고 적고의 차이 뿐이지 모두 결점이 있고 문제가 있기 마련이기 때문이다. 그리고 취미나 적성이 나와 같은 자도 있지만 전혀 다른 이질적인 사람도 있는 것이다.

끼리 끼리만 좋아하고 나와 같은 사람만 좋아한다면 그는 많은 사람을 다스릴 수 있는 지도자가 될 수 없는 것이다. 내가 늘 하는 말이지만 학자들이 목회를 잘못하고 대인 관계가 좋지못한 경우는 사람을 분석하기 쉽기 때문에 소탈하고 끈끈한 정이 있는 대인 관계가 잘 안되는 경우가 아니겠는가 생각된다. 사람은 각자 자라난 환경이 그의 성품을 형성시키는 경우가 많다.

가난한 환경에서 자란 사람은 돈에 대한 한이 많고 형제없이 사랑만 받고 자라면 이기주의 개인주의가 될 확률이 많다. 또 부모님의 지도와 보살핌없이 자라면 선배나 어른을 섬길줄 도르는 대인 관계가 되기 쉽기 때문에 어떤 환경에서 자라던지 온전한 인격자는 불가능한 것이다. 그러므로 누구나 이해하고 수용할 수 있는 평범한 사람이 되어야 한다.

항상 남의 결점만 눈에 보이고, 그것을 지적하는 성품은 바람직하지 못하다. 이 사람에게도 장점이 있고, 저 사람에게도 장점이 있고, 각자가 다 좋은 점을 가지고 있다는 긍정적인 자세로 보면 다 장점을 발견할 수 있는 것이다.

이스라엘 정탐꾼들이 가나안 땅을 보고 와서 여호수아와 갈렙은 긍정적이고 좋은 것만 보고하는 믿음의 사람이었으니 다른 열명의 정탐꾼은 부정적이고 나쁜 것만 보고하는 자들이었다. 그 결과 이스라엘 백성 중에 소동이 일어났고 민중에게 혼란을 야기시키게 된 것이다.

사랑하는 아들아!

나는 지금 온통 눈으로 덮힌 산을 내려다 보면서 이 글을 쓰고 있다. 흰 눈에 온갖 나무와 풀과 바위, 흙돌을 다 덮어 버리고 온통 흰색으로 깨끗하게 보이듯이 모든 허물을 덮어주고 결점을 이해하며 살아갈 때 평화가 있고, 화목 그리고 기쁨과 아름다운 사귐이 가능한 것이다.

학문을 분석하듯이 사람을 분석하지 않기를 바라면서 공부하고 연구하는 너에게 이 글을 띄운다.

36. 이해심을 넓혀라.

사랑하는 아들아!

같은 말을 반복하게 된다. 그러나 반복할수록 중요하기 때문인줄 이해를 하기 바란다.

너는 이해심이 많고 넓은 사람이 되었으면 한다.

이해심이 적고 마음이 좁은 것은 바람직하지 못하다.

60억이 되는 현존 지상 인구 중에서는 엄격히 따진다면 단 한 사람도 같은 사람이 없다는 사실을 명심해야 할 것이다. 그러므로 모두 나처럼 되라고 요구하지 말고 서로 서로가 이해하는 삶이 되어야 할 것이다.

이해하는 삶을 살지 못하면 먼저 자신에게도 손해이지만 타인에게 상처를 줄 수도 있고, 또 좋은 인간 관계가 불가능하기 때문이다. 좋은 대인관계는 넓은 이해심이 있을 때 가능한 것이다.

요즈음 젊은이들의 삶이 옛날보다 이해심이 적다고 걱정하는 사람들이 많다.

그것은 옛날에는 대가족 제도였고 많은 형제들과 함께 자라고 생활했지만 지금은 핵가족이고 형제도 없이 자라는 경우가 많기에 그런 현상이 되었다고 말하는구나. 서로 서로가 이해하면 아무것도 아닌 일인데 이해보다는 오해를 하기 때문에 섭섭하게 되고 시험들게 되고 마음의 상처를 받는 것이다.

넓은 마음은 넓은 이해심이 있을 때 가능한 것이 아니겠는가? 하늘을 쳐다보고 바다를 바라보아라. 얼마나 넓은가? 지구를 내 눈에 다 넣을 수 없고 가슴에 다 품을 수 없으나 마음에는 다 넣을 수 있는 것이다.

좁은 땅에서 자란 우리는, 대륙에서 여러 타 민족과 함께 생활하는 자들보다 이해심이 좁고 적은 것도 사실이다. 그러나 이제 지구는 빠른 교통수단의 발달로 하나의 촌과 같이 되어가는 시대에 살고 있지 않는가?

예수님의 마음은 온유하고 겸손한 마음이셨지만 또한 세계를 품은 넓은 마음이셨다. 영원토록 온 세상 만민의 구원 계획을 가슴에 품고 이 땅에 오시지 아니하셨던가?

이해심을 넓히기 위해서는 이해하려고 노력해야 되는 것이다. 어떤 사람들은 이해의 노력보다 오해의 체질화가 습관화되어 있는 경우도 없지 않다.

견문을 넓히고 꿈을 키우고 넓은 마음을 품는 것은 이해심을 넓히기 위한 과정이어야 되는 것이다.

사랑하는 아들아! 이해심을 넓혀야 되는 이유중에 가장 큰 이유는 이해하지 않으면 내 삶이 더욱 피곤하고 스트레스를 스스로 만들어 받게 되는 경우가 되기 때문에 넓은 이해심을 가지는 자가 되어야 하는 것이다.

나는 너를 이해하려고 노력한다.

37. 먼저 기도, 먼저 말씀, 먼저 하나님의 뜻을 생각하는 삶

사랑하는 아들아!

너는 기도의 사람이 되기를 바란다. 기도하지 않고 계획하거나 기도하지 않고 시작하는 일이 없기를 바란다. 언제나 먼저 기도하고 먼저 말씀을 상고하고 말씀을 통해 하나님의 뜻을 찾는 삶이 되기를 바란다. "너희는 먼저 그의 나라와 그의 의를 구하라"고 하지 않았는가?

무지하고 약한 우리 인간이 하나님의 지혜를 먼저 구하고 하나님의 인도를 기다린다는 것은 지혜로운 일이요 놀라운 축복의 삶이 아닐 수 없다. 하나님은 먼저 기도하는 자를 사랑하시고 도와주시며 힘을 주신다.

많은 사람들이 기도하기 보다 자기의 실력과 힘을 믿고 경험을 의지하다가 실패하고 무능해진다는 사실을 명심하기 바란다.

기도 생활도 타인을 의식해서 하기 보다는 자기 자신의 삶속에 알찬 기도의 생활이 계획되어야 할 것이다. 기도는 시간 낭비도 아니며 답답할 때만 하는 최후의 수단이 아니라 먼저 기도하는 것이 우리가 취해야 할 태도요 삶인 것이다. 그리고 하나님의 말씀에 위배되지 않는 성경 중심의 생활이 과거와 현재, 미래를 다 알고 계시는 하나님께 맡기고 의지하는 삶이며 이것이 든든한 삶이요 소망이 넘치는 생활인 것이다. 하나님의 말씀은 그 말씀 자체에 운동력이 있고 생명이 있는 것이다.

하나님의 말씀은 길이요, 진리요 빛이요, 생명이기 때문에 말씀을 먼저 생각하고 말씀 중심의 삶은 인생을 밝은 길로, 소망의 길로 인도하는 것이다.

사랑하는 아들아!

책을 많이 읽어라. 책 두 권 읽는 자가 한 권 읽는 자를 지도하는 세상이다.

아는 것이 힘이다. 그러나 그것보다 더 중요한 것은 성경을 많이 읽는 것이다. 그럴 때에 영적인 능력자가 되고 세상을 이기는 승리자가 될 것이다.

요즈음 성경을 많이 읽지 않는 현상은 결코 좋은 현상이 아닌 것 같다. 성경 말씀을 연구하기 전에 먼저 읽고 묵상하며 말씀속에서 생활이 이루어져야 할 것이다.

언제나 성경을 먼저 읽고 묵상한 후, 다른 책들을 읽고 일을 시작해야 할 것이다.

성경 말씀은 영적인 자원이다. 그러기에 말씀의 자원을 많이 가진 자가 영적으로 풍성한 부자가 되는 것이다.

말씀이 저장되어 있지 않은 목사나 신학교 교수는 영적으로 가난한 자요, 무능하기 그지 없는 자가 되는 것이다.

나의 사랑하는 아들아!

성경 말씀의 신선도를 날마다 느끼고 설교 말씀 속에서 하나님의 뜻을 밝히 깨달아 그의 뜻을 이루어 드리는 삶이 되기를 바란다.

38. 나의 결점을 보완하는 삶

사랑하는 아들아!

사람은 늘 자신의 결점을 발견하고 보완하는 삶을 살아야 한다.

누구나 결점이 없는 사람이 없지만 그 결점을 그대로 방치할 것이 아니라 늘 보완하고 수정해야 되는 것이다.

많은 사람들이 타인의 결점을 보완하는 것은 쉬운데 자신의 결점을 발견하는 일은 쉽지 않을 것 같다. 그리고 타인의 결점보다 자신의 결점에 대해서는 묵인하고 관대해지는 경우가 많다. 물론 자신의 결점 때문에 너무나 고민하고 걱정하는 것은 유익하지 못하다. 그러나 자신의 결점을 고치고 수정해 나가는 노력은 계속되어야 하고 그럴 때에만이 놀라운 변화와 자기의 발전이 있을줄 믿는다.

사랑하는 아들아!

너는 많은 사람들에 비해 결점이 크게 많지 않다는 것이 자랑스럽게 생각되고 너를 주님의 종으로 쓰시기 위해 만세전에 예정하시고 여러 가지 여건과 재능을 주신줄 믿고 하나님께 늘 감사드린다.

그러나 너도 완전한 사람은 아니기에 결점이 전혀 없는 것은 아니다. 그리고 너를 사랑하는 아버지가 보는 것과 타인이 보는 시각과도 다를 수 있지 않겠는가?

너에게는 지나친 적극성과 하고싶은 일이면 그 무엇이든지 빨리, 그리고 기어코 하고야마는 것이 때로는 결점이 될 수 있다는 것을 명심하기 바란다. 모든 삶은 계획적이어야 하고 또 어떤 경우는 조금 참고 기다림이 필요할 때가 많은 것이다. 너는 어릴 때도 장난감 가게를 지나가면 사고 싶은 것은 아무리 비싼 것이라도 사주지 아니하면 그 자리를 떠나지 않았단다.

물론 그때야 하나밖에 없는 아들이고 생활이 풍족했기에 네가 원하는 것이 무엇이든지 못해줄 것이 무엇이 있었겠는가?

그러나 어떤 경우에나 일에는 조금 시간을 두고 기다리는 것이 필요하다. 물론 그것도 인생의 경험이 쌓이고 나이가 들면 그렇게 될줄 믿는다. 그리고 그런 성격이 있기에 고등학교를 세 번이나 전학할 수밖에 없는 목회지의 이동 속에서도 너는 몇날 몇일이고 밤을 지새우며 1, 2등 자리를 차지하고야마는 장점이 더 많았음을 시인한다.

사랑하는 아들아!

남을 도와주는 것도 그러하다. 무계획적으로 있는대로 다 도와주어 버리면 다음이 곤란하고 그것은오래가지 못한다. 어차피 내 힘으로 이 세상의 어려운 문제가 다 해결되는 것이 아니라 그저 최선을 다할 뿐이다. 예수님께서 가난한 이스라엘 백성들을 다 부하도록 해결해 주시지는 않았다. 물론, 그런 이적을 통해 하나님의 본질적인 사랑과 자비를 깨닫게 하는데 더 큰 목적이 있다.

더 오래하고 계속적으로 하기 위해서는 꾸준히 그리고 단시일에 지쳐버리지 않도록 해야 할 것이다. 너는 아버지를 유난히도 닮아서 다른 사람을 도와주고 언제나 내가 먼저 앞장서는 삶인줄 믿는데,그러나 그것도 질서와 지혜가 필요함을 느꼈기 때문이다.

39. 예배를 소중히 여기는 삶을 살아라.

♥ 사랑하는 아들아!

　　목사의 생활은 예배의 연속이고, 예배 생활의 성공이 신앙생활의 성공이라는 사실을 명심하여라.

　　나는 지금 샌프란시스코 집회를 밤 11시에 끝내고 교제 시간을 가진 후 숙소에 오니 12시 30분이다. 숙소까지 40분 이상의 시간이 소요되는 유니온시티라는 곳에 있는 Redition Hotel이었기 때문이다. 3시간 정도의 잠을 자고 아침 4시 30분에 일어나 5시에 나와서 공항에 오니 6시가 거의 다 되어가는구나. 7시에 비행기를 타고 아틀란타까지 오니 5시간이 소요되는 거리이다.

　　다시 포트월튼 비취라는곳으로 가야 되는데 비행기가 계속 지연되어 3번이나 연기시키더니 결국 결항을 시키고 오후 2시 27분 출발 예정이었던 비행기가 저녁 7시 19분 비행기로 바뀌었다.

샌프란시스코와는 시차가 3시간 빠르지만 장장 5시간을 기다렸다. 다시 월튼 비취는 한 시간이 늦기에 1시간 소요의 거리이므로 7시 20분에 도착 예정이었으나 또다시 30분 늦게 출발하여 7시 50분에 출발한 비행기가 7시 55분 도착하고 짐을 찾아 교회에 오니 8시 30분이 되었다.

예배시간이 1시간 늦게 시작 되었으니 교인들이 기다리며 찬송 부르다가 지쳐버릴 정도였다. 그러나 첫날부터 은혜가 넘쳤다. 교인은 얼마 안되나 건물은 잘 지은 교회였다.

집회 첫 시간 예배는 비행기 사정으로 어쩔 수 없었다 하더라도 무언가 기도 준비가 적어서 그런 것이 아니었나 생각되기도 했다.

말하고 싶은 것은 우리는 언제나 예배를 가장 소중히 여기는 삶이 되어야 한다는 것이다.

정성이 없는 예배, 준비되지 못한 예배로, 습관적인 행위가 된다면 예배는 실패하게 되는 것이다. 우리가 하나님께 드리는 예배보다 더 정성스럽게 올려야 할 것이 어디 있겠는가?

사랑하는 아들아!

잘못하면 나도 모르는 사이에 목사는 예배자가 아니라 예배 인도자라는 의식과 습관에 사로잡히기 쉽다. 목사도 은혜받아야 되고 예배를 위해 수종 들면서 함께 예배드리는 자라는 사실을 명심해야 된다. 하나님이 받으시는 신령과 진정의 예배는 예배드리는 자의 자세와 정성이 아니겠는가?

예배를 소중히 여기는 삶을 살아라.

40. 가르치려고 배우기보다 그대로 살려고 노력하는 연구가가 되어라.

사람은 자기가 배우고 아는 것을 가르치기는 쉬우나 그 대로 살기는 어려운 것이다. 그대로 살지 못하면서 가르친다는 것은 양심 두터운 일이요 진실된 스승이 될 수 없는 것이다.

세상의 가르침보다 목사의 가르침은 본이 되는 가르침이어야 된다. 예수님께서 제자들을 가르치심은 늘 본이 되고 모범을 보이는 가르침이셨다. 목사가 자기도 체험하지 못한 것을 가르친다면 힘있는 가르침이 될 수가 없는 것이다.

사랑하는 아들아!

지금 나는 미국의 플로리다주에 있는 포토월튼 비취라는 곳에서 집회 인도를 하고 있단다. 이 곳은 미국에서 단일 공군기지로서는 가장 큰 곳으로 우리나라 경상북도 땅 만큼의 크기를 공군 기지로 사용하고 있으며 그 가운데 일반인들이 사는 도시란다. 국제결혼한 한국 사람들이 약 천 명 이상 살고 있고 국제 공동체 교회가 제일 먼저 세워져 있는데 지금은 순복음, 침례교 등 한인 교회가 다섯 개나 있고 이단까지도 들어와 있다고 한다. 이곳에서 교민들 이야기를 들어보니 교역자들이 모범이 되지 못하는 교회는 비윤리적인 교회의 분리라든가 교인들이 무질서한 신앙 생활을 한다고 한다.

이번에 짧은 기간이지만 3박 4일동안 새벽, 오전, 저녁을 꾸준히 훈련시킨 결과 많은 은혜를 받고 큰 변화가 일어나고 있단다.

오후에는 해변가 공원을 갔는데 흰 모래가 정말 깨끗하고 종이조각 하나 없이 깨끗한 문자 그대로 백사장과 청정해역은 정말 가슴까지도 확 트이는 감탄스러운 해변이었단다.

사랑하는 아들아!

너는 고등학생들을 가르치면서 항상 모범을 보이고 네가 가르친 학생들 중에 위대한 인물이 많이 배출되도록 기도하고 노력해야 될 것이다. 잘못하면 자기가 아는 것을 가르치기만 하는 죽은 교육이 되기 쉽다. 항상 내가 깨달은 것을 그대로 행하려는 노력과 그 과정의 경험과 고백이 있는 가르침이 될 때 큰 감등과 산 교육이 될줄 믿는다.

- 집회중에서 -

41. 남을 비판하는 글보다 자신의 삶의 노력과 고백을 쓰라.

♥ 사랑하는 아들아!

가르치는 자가 빠질 위험성을 항상 경계하고 조심해야
된다. 사람은 남을 비판하는 말을 하기 쉽다. 그러나 자신의 삶
의 노력과 고백은 힘드는 것이다. 그러므로 힘드는 쪽보다 쉬운
쪽, 비판하는 글이나 말은 하지 말고, 자신의 삶의 노력과 고백
을 쓰고 또 문제를 파헤치는데 주력하기 보다 방법을 말하는 쪽
에 숙달되었으면 한다.

우리나라 대통령 선거 때를 보면, 자신의 가능한 정책의 철학
을 말하기 보다 상대 후보를 비판하는데 주력하는 것을 볼 때,
과연 저런 자들이 국정을 이끌어갈 지도자로서의 그릇과 인품이
되는가 의심스러울 때도 많았단다.

비판은 연구를 안해도 되고 쉬우니까 글쓰는 자들이나 말하는 자들이 주로 비판하는 글을 잘 쓰게 되는 것이다.

자신의 삶의 고백이 많고 노력하는가운데 얻어진 경험과 삶의 체험을 나누는 학문과 가르침이 될 때 사람을 변화시킬 수 있는 것이다.

예를들어 기도의 능력을 실제적으로 체험하지 못한 자들이 무슨 살아있는 글을 쓰겠는가?

사랑하는 아들아!

이상과 현실은 거리가 멀 때도 많단다. 이론은 쉬우나 현실은 쉽지 않을 때가 많은 것이 연약한 인생이 아니겠는가?

공산주의 이론을 보면 넘어가지 않을 사람이 없고 실제를 보면 공산주의를 좋아할 사람이 아무도 없다는 말이 있지 않는가? 불가능한 이상만 펼치는 것은 쉽다. 그러나 그대로 실천하기란 얼마나 어려운지 모르는 것이다.

남이 하는 것은 쉬워 보이고 잘못하는 것처럼 판단되지만 자신이 해보면 그렇지 않다는 사실을 실감하게 되는 것이다.

사랑하는 아들아!

너는 항상 자신의 경험과 노력을 고백하고 긍정적인 글과 방법 제시, 거룩한 충동과 선한 용기를 주는 글을 쓰고, 가르치는 자가 될지언정 남을 비판하거나 평가에만 능숙한 자가 되지 않도록 조심하기 바란다.

기도의 능력을 한번도 체험하지 못한 자가 기도의 능력에 대한 책을 쓴다면 얼마나 웃기는 일이 되겠느냐?

예수님은 제자들의 발을 씻기면서 본을 보이는 교훈을 하셨고 또 제자들에게 명하셨다. 그런 하나님께 기도하며 기대하겠다.

　　　　　　　－ 아틀란타에서 너를 사랑하는 아빠가 －

42. 감동을 주는 자가 되어라.

감동은 신앙과 인격, 그리고 실력이 있을 때 가능한 것이며 무엇보다 성령의 역사와 생명의 말씀이 역사할 때 가능한 것이다. 감동이나 감격, 감사나 감화는 다 좋은 것이다.

물론 일반적인 감동도 중요하고 필요하지만 목사는 한 걸음 더 나아가 영적인 감동이 있어야 되는 것이다. 오늘 나는 전도사님의 안내로 Fort walton beach 해변가로 갔다.

겨울이라 휴양객이나 해수욕하는 사람이 없어서 유료 래변 공원인데도 2불씩 자유로 넣고 싶으면 넣고 각자의 양심과 자유에 맡기고 있었다. 그러나 여름에는 사람이 정문에서 입장료를 받는다고 한다. 하기야 여기는 겨울이라해도 봄날씨와 비슷하고 낮에는 때로 더위를 느낄 때도 있단다. 바닷가 백사장이 문자 그대로 설탕처럼 흰 가루의 모래였다.

종이나 쓰레기 하나 찾아보기 힘들게 관리하는 해변가를 밟아보면서 정말 감동적이 아닐 수가 없었다. 펜사콜라 해변과 같았는데 이곳이 더 깨끗한 느낌이었다.

그러면서 이곳의 아름다운 천혜의 자원을 하나님이 주셨으니 얼마나 복받은 나라인가?

한걸음 더 나아가 이들은 자연을 관리할 능력이 있는 사람이라는 그런 감동을 주기도 했다. 어디를 가도 깨끗이 정돈된 상태, 눈에 거슬리는 것이 없는 자연 환경으로 보호하고 깨끗이 관리하는 것, 허리케인이 지나간 곳이지만 언제 있었느냐는 듯이 다 정리된 상태, 정말 본받을 것이 많은 민족이라는 생각이 들었단다.

사랑하는 아들아!

우리는 그렇게 대단하고 위대하지는 못해도 작은 감동을 주고 늘 감동을 일으키는 지도자가 되어야 될 줄 믿는다.

인격적으로 무시하거나 신앙적으로 인정받지 못한 삶이 없는 가르침은 한 작가가 말한대로 '입으로 가르치니 반항하고 몸으로 가르치니 따르게 하는' 결과가 나오는 것이다. 감동을 주는 자가 되어라.

- L.A. 비행장에서
서울비행기 탑승을 기다리며 -

43. 순진한 자와 어리석은 자

 우리는 가끔 순진한 것과 어리석은 것을 혼동할 때가
많다.

순진은 온유하고 겸손하며 어린 아이처럼 정직한 것이 아니겠
는가?

어리석은 행동을 순진한 것으로 착각해서는 안된다. 뱀처럼 지
혜로워야 하고 비둘기처럼 온순해야 될 것이다.

세상과 마귀는 어리석은 자를 이용당하게 한다.

광명한 천사 모양으로 가장을 잘하는 영적 사기꾼인 영물은 순
진한 자에게는 도망가지만 어리석은 자는 항상 이용하려그 하는
것이다. 특별히 교회생활과 신앙그룹만 상대하며 생활하고, 세상
경험이 적어지다보면 때로는 무지해질 때가 많은 것이다. 그러므
로 어리석지 않도록 노력해야 될 것이다. 학문적인 지식이 많다

고 어리석지 않은 것도 아니라 사회의 흐름을 더욱 모르거나 다양한 경험과 넓은 시야가 부족할 때 어리석음에 빠져 이용당하게 된다.

나는 종종 성도들이 친구나 이웃에게 보증을 서 주고 하루 아침에 어려움에 빠지는 경우를 보았다. 그것은 순진해서 그런 것이 아니고 어리석어서 그런 것이다.

가령, 내가 백만원밖에 가진 것이 없는데 이백만원의 보증을 서 주었다면 보증 서 준 자가 넘어질 때 나도 하루아침에 모든 것을 다 빼앗기게 되는 것이다. 보증은 서주지 말것이며 부득이 서야 할 경우에는 내가 대신 물어줄 수 있는 한계, 즉 대신 책임져도 내 삶에 큰 타격을 주지않는 한도 내에서 해야 할 것이다.

사랑하는 아들아!

우리 가족은 욕심이 없는 삶이기 때문에 어리석게 이용당할 가능성이 많다는 것을 명심하여라. 내가 사업을 하다가 하루 아침에 망한 것도 크게는 하나님의 뜻이지만 그러나 그 과정은 다른 사람을 나처럼 믿고 모두 맡겼기 때문이 아니겠니?

물론, 복합적으로 불가항력적인 것도 겹치기는 했지만…. 그렇기 때문에 온 가족이 고생을 하게 된 것이 아니겠니?

세상은 어리석은 자를 그냥 두지 않는단다. 사방 팔방에서 서로 이용하려고 하는 세상이란다.

내가 수고하고 땀 흘린 대가를 가치있게 사용해야지 어리석게 낭비하거나 또는 타인에게 이용당하지 말아야 할 것이다.

다섯 달란트나 두 달란트 받은 자는 열심히 노력하고 지혜롭게

활용하여 남기지 아니했는가. 그러나 게으른 종은 한 달란트를
묻어두고 그의 게으름과 어리석음을 책망받지 아니했는가?
  어리석음이 결코 순진함이 아니라는 것을 명심하여라.

        － 신문에 나타난 사기 행각들을 보고난 뒤
          아빠가 －

44. 고지식이나 고집이 보수가 아니다.

♥ 사랑하는 아들아!

너는 흔히 기성세대로부터 보수, 보수신학, 보수주의란 말을 들었을 것이다.

우리는 신학의 흐름이 변질되고 세대주의, 세속주의, 이단 등 여러 가지 혼란이 밀려온다 할지라도 보수 신앙을 지켜야 되는 것이다. 진리는 변질이 있을 수 없는 것이다.

그런데 가끔 보면 말은 보수이지만 생활은 보수가 아니며 또 경우에 따라서는 보수가 아닌데 보수라고 주장하는 경우도 본다. 그것뿐 아니라 고지식이나 고집이 보수인 줄 아는 잘못된 경우도 없지 않은 것이다. 고집과 보수는 다른 것이다.

또, 고지식한 것도 보수가 아닌 것이다. 보수는 진리에 대한 이해와 확신이 있어야 되는 것이다. 무조건 주장하거나 맹종하는 것은 보수가 아니다.

보수는 잘못된 것은 고쳐 나가고 맞는 것은 끝까지 지켜 나가는 것이다.

또 한가지는 흔히들 방법적인 문제를 본래의 내용보다 더 중요시하는 경우도 없지 않단다. 즉, 물건이 진짜 맞느냐 틀리느냐보다는 그 물건 포장을 어떻게 해야 되느냐를 가지고 싸움을 한다는 것이다.

옛날 기독교가 부패할 때 즉 볼셰비키 운동이 일어나기 전에 기독교는 정부에서 주는 월급을 타서 생활하였기에 단일주의에 빠졌고, 세상의 부패에 대해 무능했으며, 그들이 입고 강단에 올라갈 까운에 대하여 총회가 모이고 대회가 모여 칼라는 어떤 것을 할 것이며 후드의 색깔과 넓이는 어떻게 할 것인가에 대하여 몇 날 몇 일 변론을 하고 있었으니 얼마나 비생산적이고 무의미한 모임이었겠느냐?

기독교는 동기와 과정과 결과 모두를 중요하게 생각하는 것이지 잡는 것이 매가 아닌 것이다.

사랑하는 아들아!

목사의 세계는 가끔 고지식한 행동을 보게 될 것이다.

그리고 고집을 보수인양 우길 때도 있을 것이다.

그러나 본질적인 것은 결코 변할 수는 없지만 비본질적인 문제에는 이해와 양보 여유가 있는 태도가 좋을 것이다. 더구나 사회경험이 적다보면 나도 모르는 사이에 고집스럽고 고지식한 성격으로 굳어질 위험성이 있는 것이다.

비진리는 절대 수용할 수 없으면서도 진리는 끝까지 지키며 진리의 문제가 아닌 것에는 폭 넓은 이해가 필요한 것이다. 지난 번에 말했지만 마음을 넓히는 훈련이 필요한 것이다.

- 사랑하는 아들에게 -

45. 말한 후 생각하지 말고, 생각한 후 말하라.

대다수의 사람들은 말한 후 생각하는 경우가 많다.

그러나 말은 그 사람의 인격이고 신앙 수준이기 때문에 항상 생각하고 말하는 것이 현명한 일인줄 안다. 특별히 지도자의 위치에 있어서 대인관계는 언제나 생각을 하고 말하는 것이 습관화되어야 할 줄 안다.

그때 그때 감정을 억제하지 못하고 즉흥적인 발언이나 듣는 이의 반응도 생각하지 않고 내뱉는 말은 상대방에게 상처를 줄 수도 있고, 오해를 불러 일으킬 수도 있다는 사실을 명심해야 한다.

사랑하는 아들아!

모든 기계는 소리를 들어보면 고장인지 아닌지 알 수 있듯이 사람도 그 사람의 말을 들어보면 고장난 인격인지 고장난 신앙인지 알 수 있는 것이다.

　구약시대 가나안을 정탐하고 온 12명의 정탐꾼 중 여호수아와 갈렙 외에는 부정적인 보고의 말을 함으로 이스라엘 전체에 소요가 일어나는 주범이 되었고, 그로 인해 이스라엘 백성이 40년간 광야에서 훈련을 받아야하는 결과가 되지 아니했는가?

　예수님께서 바리새인의 기도와 세리의 기도를 보고 들으면서 바리새인들의 말과 기도의 태도가 잘못되었음을 지적하셨다.

　그러므로 말은 진실해야 하고, 온유하고 겸손한 마음에서 나와야 하는 것이다. 말은 하나님이 인간에게만 주신 것이요, 짐승이나 다른 생물들에게는 소리는 있어도 언어는 없는 것이다.

　에베소서 4장에 옛 사람을 벗어버리고 새 사람을 입으라는 말씀중 그 내용 목록들의 대다수가 말의 변화를 강조하고 있다. 거짓, 시기, 분노, 쟁론, 악독, 궤휼 등 모두 대인관계에서 발생하는 말들이 아니겠는가?

　말은 분명해야 한다. 그리고 자기가 한 말은 자신이 책임을 져야 하는 것이다.

　말은 항상 긍정적이고 소망적인 말을 해야 한다. 특히 비판의 말은 삼가야 할 것이다.

　비판하는 글이나 말들은 준비하지 아니해도 쉽게 할 수 있기에 비판하는 내용은 잘하게 된다. 자신의 눈 속에 들보를 두고 타인의 눈에 티를 지적하게 되는 것이 비판자들의 오류인 것이다. 항상 방법과 자신의 각오와 고백, 그리고 자신의 부족을 인정하는 말을 하도록 해야 할 것이다.

비판보다 해결점을 찾는 쪽으로, 불평보다는 감사로, 미움보다는 용서로, 분리보다는 화합으로 나아갈 수 있도록 해야 할 것이다. 기독교는 말씀의 종교이다. 인간의 말은 말씀이 될 수 없다. 그러나 말씀을 깊이 묵상하고 인격속에 깊이 저장하고 있을 때 말씀화된 말을 할 수 있을 것이다.

사랑하는 아들아! 꼭 잊지 말아라. 생각하고 말하는 것을 습관화하는 지도자가 되어라.

− 새벽 미명 말씀을 묵상한 후에 −

46. 화났을 때, 발언하거나 결정하지 말아라.

❤ 사랑하는 아들아!

　　사람이 살아가는 과정에서 평온할 때도 있지만 화가 날 때도 없지 않단다.

　　더구나 젊을 때는 화가 더 자주, 쉽게 날 수도 있고 그 절제력이 약하기 쉽단다.

　　대인관계에 있어서 화나는 경우가 많이 발생할 것이다.

　　화나는 일이 없는 세상이 있다면 그곳은 세상이 아니고 천국이 아니겠는가? 중요한 것은 아무리 화가 나도 절제하고 표정이나 말을 삼가하면 밖으로 표출되지 않기 때문에 피해를 주지 않는 것이다.

　　내가 화가 난다고 그 여파가 상대방에게 전달되면 계속 번져

나가기 때문에 피해가 많이 발생하게 되는 것이다. 그러므로 화났을 때는 어떤 발언을 하거나 결정하는 말을 하지 말아야 하는 것이다. 화를 어느 정도 속으로 억제하느냐가 그 사람의 인격 수준이고 수양의 결과가 아니겠는가? 특히 성질이 급한 사람은 화를 참지 못해 많은 피해를 보게 되는 경우가 많다.

정말 화는 분쟁을 일으킬 수 있고 먼저 자신에게 손해를 더 많이 줄 수 있으며 잘못 폭발하면 엄청난 결과가 야기된다는 것을 명심하여야 한다.

사람이 화가 나지 않는다면 그 사람은 모자라는 사람이거나 정상이 아닐 것이다.

그러나 그것을 밖으로 내 보이지 않는 인내와 절제력이 화를 내지 않는 사람으로 보여지게 되는 것이다.

화를 내면 인격과 신앙에 손해보는 것은 물론이고 자신의 건강에도 좋지 못하다는 것은 너무나 잘 아는 사실이다. 화를 내면 혈압이 올라가게 되는 것이다.

그러면 화가 났을 때 무조건 그대로 억제하는 것도 건강에는 좋지 않을 것이다.

성경엔 분을 내어도 해가 지도록 품지 말라고 했다. 그냥 다 없애버려야지 화를 품고 사는 것은 결코 좋지 못한 것이다.

우리는 화가 났을 때 예수님의 참으심을 생각해야 할 것이다. 그러므로 하나님의 말씀을 생각하며 예수님을 생각해야 한다. 그리고 성령의 도우심을 간구해야 할 것이다.

주님의 위로가 있을 때, 기쁨이 찾아올 것이다.

사랑하는 아들아!

화났을 때 발언하거나 결정하면 틀림없이 후회하게 되고 실수하게 된다는 것을 명심하기 바란다.

47. 사람은 좋은 말, 좋은 행동보다 나쁜 것이 더 드러나게 보이고 입력이 잘 된다는 것을 기억하라.

사람은 공통적으로 좋은 말이나 좋은 행동, 좋은 추억보다 나쁜 것이 들어나 보이고 입력이 더 잘된다는 것이다. 열 가지 잘한 것은 잊어버리고 한 가지 잘못한 것이 더 눈에 보이고 기억에 남는 것이란다.

그러므로 우리가 방심하면 부정적인 면이 발달되고 비판에 숙달될 수밖에 없는 것이다.

그러므로 사랑하는 아들아, 너는 항상 장점을 발견하며 배우고 격려해주고 협력하려고 노력하는 삶이어야지 단점을 가려내어 비판하고 지적하려고 하면 안된다는 것을 명심하기 바란다.

이 세상은 선과 악이 공존하기 때문에 다 악한 것도 아니고 다

선한 것도 아니다. 선하려고 노력하면 선해지고, 방심하면 악해지는 것이다. 그런데 검은 것을 희게 만들기는 쉽지 않으나 흰 것이 검게 되는 것은 순식간에 되듯이 선은 노력해야 된다는 것이다.

좋은 점을 발견하고 좋은 기억을 품고 사는 훈련, 이것이 얼마나 인생을 기름지고 활기차게 하는지 모른단다.

사랑하며 살아도 짧은 세상이요, 좋은 일만 하면서 살아도 모자라는 세상이 아니겠니?

항상 좋은 것을 생각하고 좋은 말과 좋은 행동을 하면서 살려고 노력하는 것이 인생의 본분이요 삶의 보람이 아니겠니?

인간은 실수가 있는 것이란다.

그러므로 실수를 기억할 필요는 없는 것이다. 잘못과 실수는 반성과 회개로 다 잊어버리고 앞을 향하여 푯대를 보고 달려야 할 것이다.

어떤 친구나 상대에게도 나쁜 것이 입력되어 있으면 선입관을 가지게 되고, 그렇게 되면 장점을 발견하는 눈은 어두워지게 되고 인격의 한편 즉, 결점만이 눈에 보이게 되는 것이다.

좋은 것을 입력하고 장점을 발견하며 배우는 훈련을 해야 되는 것이다.

48. 이상은 높게 가지고 생활은 평범을 기준하라.

요즈음 세상의 흐름이 현실주의와 육체주의의 조급함과 개인주의 등이 사회를 어지럽게 하고 살벌한 세상으로 변질시키고 있는 느낌이다.

현실주의는 내일을 암담하게 할 수가 있고 육체주의는 인간의 소중한 정신과 영혼을 무시할 위험성이 있는 것이다.

우리는 언제나 조급함 때문에 얼마나 많은 손해를 보는가? 급성장이 이루어 놓은 결과도 많지만 그 패단이 더 많지 않겠니?

속도 문화와 전쟁 군사 문화의 영향을 가장 많이 받은 것은 우리라고 할 수 있다. 게다가 확실한 계절의 영향으로 내일르 미룰 수 없는 환경속에 살아가고 있기에 모든 것을 빨리 이루고 빨리 처리하고자 하는데서 오는 결과 또한 엄청난 문제점이 발견되고 있는 것도 사실이 아니겠니?

세계에서 고속도로가 가장 단시일에 건설된 나라, 어떤 공사든 빨리 끝내는 우리 민족은 영구성이 없는 단점도 시인해야 할 것이다.

100년이 넘게 그대로 사용되는 유럽의 도로라든지 몇 천년이 넘는 건물이 그대로 사용되고 있는 것을 보고 우리는 무엇인가를 배워야 할 것이다.

더구나 핵가족 제도와 물질 만능주의는 결국 강렬한 개인주의를 만들어 내었고, 그 결과 인간관계가 파괴되어 버리는 악순환을 낳고 있지는 않은지?

우리는 높은 이상을 가지고 전진하며 노력하되, 생활은 평범을 기준으로 해야 할 것이다.

어떤 이들은 높은 생활을 기준하여 자신의 현실과 경제적 수준이 맞지 않는데도 사치하고 낭비하는 경우가 있는가 하면 이상이 없는 향락주의에 갈들여져 있는 경우도 많이 볼 수가 있다.

사랑하는 아들아!

육신의 욕망을 절제하지 않으면 한이 없는 것이다. 그러므로 육신의 욕망의 지배를 받기보다 정신적이고 영적인 욕망이 삶을 지배해야 하는 것이다.

보이는 것은 잠깐이요, 보이지 않는 것은 영원한 것이다.

높은 이상은 발전을 가져오지만 높은 생활은 더욱 더 부족을 느끼게 되는 것이다.

목마르다고 소금물을 마시면 더욱 더 목이 마르게 되고, 바다

는 메워도 육신의 욕망은 메울 수 없는 것이 인간의 육체적 욕망
이라는 것을 명심하고 생활은 평범을 기준하고 살기를 바란다.

49. 하나님께 잘 보일 것을 연구하고 행하라.

바리새인들과 서기관들은 은혜받고자 노력하고 무엇인가 고치고 깨닫고자 노력하기 보다 예수님을 책잡고 죽이려고 모여서 머리를 맞대고 연구했음을 알 수 있을 것이다.

영적인 비극과 인생의 비극은 여기에서 시작되는 것이다.

우리는 언제나 하나님께 잘 보이려고 연구하고 하나님이 무엇을 좋아하시는가 성경과 기도를 통하여 연구하고 묵상하며 깨달아야 할 것이다.

특별히 목사가 하나님께 잘 보이려고 노력하지 않고 바리새인들과 서기관들처럼 인간중심이고 외식적이고 위선이 길들여지면 신앙생활은 실패하게 되고, 주님 앞에서 무서운 책망의 대상이 된다는 사실을 명심해야 할 것이다.

사랑하는 아들아!

너의 꿈에도 소원은 하나님께 인정받고 하나님께 잘 보이는 삶이 되기를 바란다. 인간은 특히 목사는 하나님께 잘 보이면 문제가 다 해결되는 것이다.

사울이 하나님 눈에 어긋나므로 그의 인생의 비극이 시작된 것이 아닌가?

그리고 다윗이 하나님 마음에 합하므로 즉 하나님께 잘 보임으로 그는 목동이었고, 이새의 여덟 번째 아들인 보잘것 없는 존재였지만 하나님의 택함으로 이스라엘의 왕이 되지 않았나 한다.

인간은 하나님의 무조건적인 은혜로 구원은 얻지만 금생과 내생의 복은 하나님께 충성스러운 종으로 잘 보일 때 가능한 것일.

사랑하는 아들아!

하나님께 밉게 보이면 모두 끝장이라는 생각을 가지고 살아야 된다는 것을 명심하고 항상 하나님 중심으로 살아라.

– 새벽미명에 기도하면서

아빠가 –

50. 아는 것도 절제하라.

옛말에 '식자우환'이라는 말이 있다. 아는 것이 큰 화가 된다는 의미인줄 안다. 그러나 반면에 '아는 것이 힘이다'라는 말이 있다.

'식자우환'이라는 말은, 알고도 행치 아니하거나 교만하거나 자기의 지식을 믿을 때 오히려 나쁜 영향이 미친다는 것이고, 아는 것을 지혜롭게 잘 사용하고 겸손하면 인생의 삶에 유익하고 결국은 책 두 권 읽은 자가 한 권 읽은 자를 지도하는 세상이 되는 것이 현실이다.

그러나 사람이 자기가 좀 더 잘 알고 많이 안다고 그것 때문에 남을 무시하고 교만하고 과시한다면 오히려 자신이 불행해지는 것은 물론이고 타인에게 악한 영향을 미치게 되는 것이다.

아는 것도 절제하라는 것은 내가 아는 것이 완전하지 못할 수도 있고 알수록 겸손해야 된다는 것이다. 그리고 아는 것도 때로는 아는 표시를 나타내지 아니하면서 살아갈 때, 잘 어울리게 되는 삶을 사는 경우도 많기 때문이다.

뿐만 아니라, 자기의 아는 것을 한꺼번에 다 내어놓기 보다는 알맞게 절제하면서 사용되어지고 표현되어질 때 더 큰 효과를 기대할 수도 있을 것이다.

사랑하는 아들아!

네가 무엇이든지 알려고 노력하고 열심히 실력을 쌓기 위해 노력하는 것이 얼마나 좋은 현상인지 모르고 자랑스럽구나.

사실, 목사는 가르치는 일을 하는 자이기 때문에 부단히 연구하고 체험하여 자신이 깨닫고 경험한 사실을 나누어 주는 것이 아니겠니?

그러나 많은 것을 경험하고 안다고 해서 아는 척 하거나 모르는 자를 무시하거나 자신이 알고 있는 것을 완전하다고 자만에 빠지면 하나님께도 쓰임받지 못하고 사람들에게도 외면당하게 되는 것이다.

인격적으로 무시당하고 인간관계가 조화를 이루지 못하고 또 좋은 관계가 형성되지 아니할 때에는 하늘에서 내려온 천사보다 더 좋은 말을 전해도 먹혀 들어가지 아니하는 것이다.

지도자는 언제나 청중이 따르는 것이고 지배자는 힘앞에 굴복하는 것이지 따르는 것이 아닌 것이다. 얼마나 많은 사람들이 절제되지 못한 지식 때문에 오히려 인정받지 못하고 사용되어지지 못하고 발표할 기회가 주어지지 않는 경우가 많은지 모른다. 그러므로 아는 것도 절제하고 언제나 겸손하여라.

51. 이 세상에 다시 태어나도 목사가 되고 싶은 마음

이 세상에 태어나서 장성한 사람은 누구든지 직업을 가지고 살아야 하는 것이다.

놀고 먹는 것은 병자이거나 지체가 부자유하여 활동할 수 없는 자, 또는 저능아일 것이다.

건강한 사람이 놀고 먹으면서 사는 것은 악인 것이다.

우리는 편하게 살 계획이나 목표를 세우기보다 보람된 일과 업적을 남기면서 살 계획을 해야 할 것이다. 그러나 세상의 그 어떤 일보다 영혼 구원 사역과 영적인 일을 하는 목사의 직업이 가장 어렵고 힘드는 일이 아닌가 생각이 된다. 이 일은 땅의 지식이나 건강이나 여러 가지 재능으로만 잘 감당할 수 있는 일이 아니기 때문이다.

하늘로부터 능력을 받아야 되고 하나님께 인정받고 보냄을 받아야 하기 때문이다.

그런데 너무나도 감사하고 보람을 느끼는 것은 세상의 그 어떤 일보다 힘들고 어렵지만 변하지 않는 소망과 상급이 있는 일이고, 반면 아무나 할 수 있는 일이 아니기 때문이다.

목사는 여러 부류 여러 계층의 사람을 만나고 가르치고 인도해야 되기 때문에 한 부류의 사람들을 상대하거나 가르치는 사람과는 다른 것이다.

그래서 세상에 알고 보면 이 일보다 더 행복을 느끼고 가치있고 열매가 있고 헛수고가 아닌 일이 어디 있겠는가를 반복해서 강조하고 싶은 것이다.

목사는 자기에게 주어진 일, 즉 사명에 생명을 걸어야 한다. 그리고 다시 이 세상에 태어난다면 물론 그럴 리가 없겠지만… 그때도 나는 목사가 되리라는 생각으로 가득차 있어야 하는 것이다.

사랑하는 아들아!

나는 네가 세상의 편한 길이 아니라 세상 사람들이 말하는 좋은 길을 포기하고 신학 대학원에 갈 것을 결단하였을 때 하나님께 감사의 기도를 드렸고, 너의 결단에 무어라 표현할 수 없는 감사를 느꼈단다.

우리 가문에는 주님이 오실 때까지 목사의 가문이 끊어지지 않기를 바라며 기도한다.

그리고 꼭 주님께 인정받고 주님이 함께하시는 영력있는 사역자가 되기를 바란다.

52. 목사직의 긍지와 자부심을 가져라.

목사직은 하늘이 준 것이요, 영원한 축복의 직임을 명심하고 항상 목사직에 대한 보람과 자부심을 가져라.

세상의 그 어떤 부귀영화와 권세를 누리는 직업도 부러워하지 않는 마음의 자세가 필요하다. 일전에도 편지에 썼지만 이 세상에 다시 태어나도 나는 목사가 되고 싶은 마음으로 가득차야 하는 것이다. 그러나 목사의 직은 성령 충만하지 않고 성령의 능력이 없을 때는 그리고 기도하지 않을 때는 부잣집의 계집종보다 못하게 느껴지게 된단다.

다른 사람이 볼 때는 어떻게 보고 어떤 생각을 하든지 우리는 항상 목사의 직을 주시고 또 목사가 되는 길을 걷게 된 것을 늘 감사해야 되고 하나님의 인도하심을 믿고 하나님께 영광을 돌려야 하는 것이다.

사랑하는 아들아, 기죽지 말아라. 교만하면 큰일이지만 그렇다 고해서 자부심을 버려서는 안되는 것이다.

세상의 그 어떤 지위나 명예도 부럽지 않은 지위라는 의식을 가지고 항상 감사함으로 보람을 느끼는 생활이어야 하는 것이다.

더구나 목사직은 자신의 선택이 아니라 하나님의 부르심과 맡기심에 의해 순종하는 직인 것이다. 그리고 하나님이 보호하시고 인도하시며 친히 책임지시는 위치이기 때문에 항상 강하고 담대하며 믿음의 용기를 가지고 전진해야 하는 것이다. 세상에 그 어떤 것으로도 비교가 될 수 없는 자리가 아니겠는가?

사도 바울은 자기에게 주어진 사명을 감당하기 위해 세상의 모든 것을 배설물로 여긴다고 했다. 그리고 오로지 주님만 바라보고 푯대를 향하여 달린다고 하였다.

기쁘고 감사한 마음으로 스스로 하고 싶어서 자원함으로 오늘도 내일도 최선을 다하는, 보내신 그 분을 기쁘시게 해드리는 종이 되어라.

53. 하나님은 기도하는 자와 함께 하신다.

나의 사랑하는 아들아!

아빠는 지금 Deltar편 아침 7시 출발 비행기로 Atlanta로 향하는 비행기를 타고 있단다.

아틀란타 경유 플로리다에 있는 walton beach라는 조그마한 시골 해변가로 집회 인도차 가고 있단다. 이곳에서 아틀란타까지는 5시간이 소요되고 아틀란타에서 왈톤비치까지는 1시간이 소요된다. 비행기가 26분 지연 출발된다고 예고 되었으나 연결되는 비행기는 1시간 여유가 있기에 차질이 없을 것 같다. 약 160여명 정도 탈 수 있는 비행기인데 거의 자리를 메웠구나. 그런데 아무리 보아도 한국 사람은 한 사람도 없는 것 같다. 새벽 5시에 일어나 호텔을 나와 공항까지 도착하니 30분 정도 소요되는 거리인가보다. 낮에는 차가 많아 40-50분 소요되는 거리란다. 유니

온시티라는 곳에는 한국 목사님들 두 분이 나와 수고해 주셨다.

불과 3시간 정도 잠을 자고 나오니 너무나 피곤하지만 집회 성과가 대단해서 피로도 기쁨으로 견딜 수 있단다.

사랑하는 아들아!

하나님 앞에 이 시간도 기도하고 있단다.

사랑하는 아내와 첫 시간 특강을 맡았다고 하니, 너무나 기쁘구나 큰 역사가 있기를 기대하며 비행기 안에서 기도하고 있단다. 아빠가 늦게 시작하여 못다한 일이 너무나 많다.

세계 각국의 교회가 나를 필요로 하지만 시간과 공간, 체력의 한계를 느끼지 않을 수 없다. 그러나 하나님께서 내게 너무 은혜를 주시고 함께하셔서 강한 성령의 역사와 은혜가 넘쳤음을 흐뭇하게 느끼며 보람을 느낀다.

정말, 세계는 넓고 할 일은 많다. 나의 대를 이어 목사의 길을 스스로 자원하여 걷고 있는 네가 얼마나 감사한지 모르겠다.

하나님은 기도하는 자를 버리지 않는다는 사실을 의심없이 믿고 체험한 자는 항상 기도로 준비하고 성령의 도우심을 구하면서 사역에 충성하는 자란다. 자신의 기도의 노력은 물론이고 주위에 기도의 응원자도 많아야 된단다.

부모님의 기도가 결코 헛되지 않고 너를 통하여 이루어지고 역사할줄 믿는다. 목사가 자기의 지식과 젊음만 믿고 교만하거나 나태하고 자만에 빠지면 그때부터 하나님은 도와주지 아니하시고 성령의 역사는 일어나지 않는다는 사실을 명심하기 바란다.

기도시간을 줄이지 말고 간절히, 그리고 열심히 기도하기 바란다.

　기도로 준비하고 하나님의 도우심을 항상 구하면 하는 일은 실패가 없단다. 이곳은 어제까지 우기라서 폭우가 내렸으나 오늘은 비가 그치고 하늘이 열리고 있다. 이곳의 기온은 봄날씨와 같은 좋은 날씨이고 무엇보다 공기가 맑기로 유명하다. 한국처럼 공해를 느끼지 않는 맑은 공기가 얼마나 부러운지 모르겠다.

　오늘도 너의 사역에 하나님이 함께 하기를 바란다.

　　　　　　　　　　　　　－ walton Beach로 가기 위해
　　　　　　　　　Atlanta행 비행기 속에서 아빠가 －

54. 복음의 세계화와 사역의 세계화

사랑하는 아들아! 지금 나는 Mempis를 경유 LA로 northwest Airline으로 가고 있단다. Delta Airline 으로 바꾸어 타고 가고 있단다. Mempis 공항에서 1시간 20분 가량 기다리다 다시 LA로 가는 비행기를 타게 되었다.

부족한 나를 세계 곳곳에서 필요로 하니 감사하지 않을 수 없 단다.

이번 집회도 알찬 집회였으며 힘들지만 다음에 꼭 한 번 더 와 달라는 부탁과 함께 고국으로 향하고 있다. 땅끝까지 복음을 전 하라는 주님의 부탁은 복음의 세계화를 의미하는 것이 아니겠는 가? 나는 이제 나이도 있고 건강문제도 있고, 더더구나 언어의 장벽 때문에 한 번씩 집회차 나올 대마다 여간 긴장이 되는 것이 아니다. 그러나 하나님이 그때 그때마다 인도하시고 지켜봐 주셔서 그런대로 다니고 있지만 너는 언어 공부를 많이해서 어디를 가든지 마음껏 의사 소통을 할 수 있으며, 세계를 무대로 하고 사역하는 자가 되기를 바란다.

가면 갈수록 교통수단의 발달로 세계는 좁아질 것이다. 플로리다에서 맴피스까지 1시간 30분이면 비행기로 오게 되고 맴피스에서 LA까지는 4시간 20분이 소요된다. 그리고 다시 LA에서 서울로 가게 될 것이다.

시간상으로 맴피스에서 서울로 가는 비행기는 없고 오늘은 아틀란타에서 서울로 가는 항공도 없어서 LA를 경유하게 된단다.

사랑하는 아들아!

너는 큰 비전과 꿈을 가지고 내가 못다한 주님의 복음 사역을 이루기를 바란다.

하나님께서 병과 우환으로 시들어진 시골 농부 가정의 아들인 나를 불러내어 복음과 선교의 사명을 주시고 사용해 주시니 너무나 감사하며 또 네가 사명의 길로 결단을 내리게 됨을 감사하지 않을 수 없단다.

네가 신학 대학원에 들어가기로 대학 졸업을 몇 개월 앞두고 결정했을 때, 우리 부부는 강요하지 않고 네 자신에게 맡기면서 하나님께 기도만 드렸는데 네가 사명감을 가지고 결단을 하니 나는 놀라면서 감격했단다.

그리고 3일 밤을 잠을 설칠 정도로 나는 감사하게 생각하고 너를 위해 더욱 더 기도하기로 결정했단다.

사랑하는 아들아!

복음이 세계적이듯이 너의 사역도 세계적인 사역이 되어서 주
님께 영광돌리고 큰 열매가 맺혀지기를 바란다.

　　　　　　　－ Mempis에서 LA로 가는 비행기
　　　　northwest Airline을 타고서 아빠가 －

55. 경제적 IMF가 영적인 IMF가 되지 않았으면 좋겠다.

우리나라 정치나 자본주의는 500년에 걸친 유교 왕조의 지배와 일본 식민지의 영향을 받았다고 말한다. 그러므로 사회구조가 중앙집권화 되어 있으며 중앙집권화된 관료 권력이 주도해온 것이 사실이다.

모든 것이 위로부터의 계획과 집행, 지원, 감사를 통해 지난 30년간 보기 드문 경제적 성장을 해온것도 사실이다.

동아시아 국가는 대다수가 유교적인 자본주의인 반면 서구의 자본주의 개신교적인 자본주의이다. 서구의 개신교적 자본주의는 중앙집권적인 구조가 아닌 지방분권적인 자본주의라고 할 수 있다. 서구의 자본주의는 밑으로부터 시작되었고 동아시아 자본주의는 위로부터 시작된 것이라고 할 수 있으며 우리나라가 그 한

예이다. 이런 과정에서 오늘 우리는 국제적으로 지원을 긴급히 요하는 화폐 경제의 위기를 맞이하게 된 것이다. 이런 현상은 개인의 책임보다 정부쪽으로 책임을 돌리게 되고 정권과 결합되어 기업인들에게 불신의 화살을 돌리게 되는 것이다.

우리가 IMF의 위기를 극복하려면 권력자들이나 중·상층부터 먼저 자원해서 지하 돈을 양성화시켜야 되고 숨겨진 달러가 나와야 된다고 본다.

나는 요즈음 경제적 침체와 화폐 경제의 위기 때문에 선교 사역이 위축되고 중단될까봐 가장 염려스럽다.

우리의 경제적 위기가 영적인 IMF가 되지 않기를 바란다.

사랑하는 아들아!

우리는 먼저 그의 나라를 구하면 하나님이 이 모든 것을 더해 주신다는 말씀의 약속을 의심없이 받아 들이면서 조금도 중단되거나 위축됨이 없이 주의 일에 분발해야 할 것이다.

우리 신앙인의 입장에서는 결국 영적인 빈곤이 경제적 IMF를 가져왔다고 본다.

영적으로 빈곤하면 기도의 지원을 받아야 되는 것이다. 주위의 신앙의 동지들에게 기도의 지원을 받을 때 영적 빈곤에서 일어설 수 있는 것이다. 그러나 IMF가 수치스러운 일인 것과 마찬가지로 영적인 빈곤도 수치스러운 것이다.

그러므로 항상 영적으로 충만하게 비축되어 있어야 하는 것이다.

56. 세대차이를 극복하라.

우리는 그 어느 때보다 세대 차이가 많은 시대에 살고 있다. 선진국이든지 아니면 아예 후진국이라면 세대 차이가 적을 것이다. 개발도상국의 과정을 거쳐 선진국으로 진입하는, 너무나 많은 격동기를 거친 우리 시대의 역사는 필연적으로 세대차이가 있을 수 밖에 없다.

경험의 차이, 교육의 차이, 환경의 차이, 시대의 변천 등 여러 가지 여건이 세대차이를 심화시킬 수밖에 없었다.

그러나 인간 수명의 연장으로 노인 인구가 많아지고 복지 사회로 진입하려면 세대 차이를 극복하지 아니하면 안되는 것이다.

나이가 많다고 무시하거나 현실에 맞지 않는 이야기를 한다고 함부로 소외시키면 안되는 것이다. 노인들이 대접을 받고 존경받을 수 있는 사회가 좋은 사회요, 뿌리있는 민족인 것이다. 가능하면 아무래도 젊은층이 양보하고 이해하려고 노력해야 할 것이다.

사랑하는 아들아!

존경받는 지도자, 많은 사람에게 신임을 얻은 지도자가 되려면 어른들을 잘 섬기고 공경해야 하는 것이다. 특히 관심을 가지고 친절하게 인사하며 언제든지 우선권을 양보해야 하는 것이다.

그것이 바로 인격이 아니겠는가?

인격의 결함이 많은 자의 지식은 감동을 줄 수가 없는 것이다. 즉 힘있는 교육이 될 수 없다.

그리고 어떤 면에서는 연장자의 경험을 무시할 수 없는 것이다. 지식 중에 수준 높은 산 지식은 경험으로부터 나온 것이다. 그러므로 신세대와 세대 차이가 심하다고해서, 무조건 늙은 사람의 말이라 해서 외면해 버린다면 시행 착오를 할 수도 있다.

젊은이는 일의 추진력과 학력은 있으나 시행 착오가 있을 수 있고, 늙은이는 너무나 실수없이 일을 신중하게 하다보니 발전이 없을 수 있는 경우도 있다. 그러므로 잘 조화를 이루어 무슨 일이든 추진된다면 좋은 결실이 있을 것이다.

성경에 부모 공경은 인간을 위한 계명중 첫째 계명이요, 약속이 있는 계명이다. 이것은 그만큼 중요하다는 사실을 입증하는 것이다.

노인들에게 인정받고 사랑받는 젊은이가 얼마나 바람직한 모습이겠는가? 세대 차이의 극복은 이해와 인내, 진지한 만남과 대화가 아니겠는가?

같이 만나고 시간을 보내지 않는 해부학적 이해는 거기에 해당

되는 학문을 연구하는 자에게는 가능하지만 인생 자체를 이해하는데는 부족한 것이다.

때로는 세대 차이가 힘들고 답답하기도 할 것이다. 그러나 잘 극복하면 더 좋은 인격 더 좋은 가정, 더 좋은 사회가 될 것이 분명하다.

57. 자연을 접할 수 있는 기회를 가져라.

직업중에는 사람을 상대하는 직업과 자연을 상대하는 직업, 그리고 기술이나 기계를 상대하거나 책상 앞에서 보내는 직업이 있을 것이다.

사람을 상대하는 직업은 장사하는 사람, 학교 교수나 선생, 의사 등이 있을 것이다. 그러나 자연을 상대하는 직업은 바다에서 고기잡는 어부나 농부 또는 목장을 경영하는 자들이 아닐까 싶다.

자연을 상대로 하는 직업은 거짓말이나 권모 술수가 필요없는 것이다. 나무를 심는데 나무에게 무슨 말다툼이나 거짓말이 필요하며 고기를 잡는데 온갖 말을 다해야 하는 필요성도 없는 것이다. 그러나 사람을 상대하는, 특히 장사하는 사람들은 날마다 상대방에게 이익을 보기 위하여 많은 설명과 설득, 노력과 말이 필요한 것이다.

대개의 경우 사람을 상대하는 직업은 피곤하고 또 순수성을 잃어버릴 위험성이 있으나 자연을 상대하는 직업은 그렇지 않다. 그러므로 많은 시나 문학작품은 자연을 많이 상대하는 사람일수록 풍부하고 순수한 글이 나오게 되는 것이다.

　사랑하는 아들아!

　자연을 접하면서 모든 일손을 멈추고 깊이 생각하고 신선한 공기를 마시고 만끽하는 시간을 가져라. 지저귀는 새소리, 풀벌레 소리와 피는 꽃, 떨어지는 낙엽, 무성한 나무들 천년의 세월을 인내로 버티어온 고목나무, 무르익은 가을 들녘의 곡식들을 보며 때로는 높은 산에 올라 산하의 세계를 내려다보며 하나님의 창조의 신비를 체험하는 시간을 많이 가지도록 하여라.

　사람의 감정이 메마르지 않도록, 그리고 계속적으로 순수해지도록 노력해야 하는 것이다.

　사막에는 생존 경쟁과 인내는 있으나 정서는 메마를 위험성이 있고 기계속에서 세월을 보내면 다양화된 인간 사회속에서의 이해와 협력이 부족할 수도 있는 것이다.

　사람은 자신의 부족한 부분을 늘 발견하고 보충해야 되는 것이다.

　그렇지 않으면 발전이 없는 것이다.

　그렇기 때문에 지나친 가난속에 자라면 나중에 능력이 주어질 때는 가난의 한을 다 풀려고 하는 경향이 생기게 되고 너무 풍부속에 성장하면 가난한 자들의 배고픔을 이해하지 못하고 물질의 중요성을 잃어버리게 되기도 하는 것이다.

오늘, 개인주의가 강해지는 것은 핵가족 제도와 산아제한의 결과라고 해도 과언이 아니다. 게다가 거기에 따르는 보충 교육에는 무관심했기 때문인 것이다.

사랑하는 아들아!

가끔 자연을 접할 수 있는 기회를 가지고 깊이 사색하고 자연 속에서 하나님의 말씀을 묵상하며 기도하도록 하였으면 한다.

— 광주 기도원 집회중에
아빠가 —

58. 부정적인 글이나 부정적인 책을 쓰지도 읽지도 말아라.

비판의 글이나 말은 소재가 많고 말하기도 쉽지만 긍정적인 말이나 문제 해결의 방법과 건설적인 의견 제시는 쉽지 않다.

더구나 부정적인 책을 많이 읽으면 매사에 비판적인 성격이 형성되고 장점을 찾는 눈보다 단점을 가려내는 눈이 발달하게 되는 것이다.

그러므로 부정적인 글 보다는 성공담, 감동을 주는 글, 긍정적인 면이 강조되는 책을 읽는 것이 백배 유익하다고 본다.

요즈음 신문에 〈교회 가기 싫은 이유 77가지〉라는 주제의 책이 선전되는 것을 보고는 내 나름대로의 '왜 저런 주제를 붙이고 그런 글을 쓰는지' 하는 생각이 들었단다. 그리고 오히려 내가 시간이 있다면 교회 가야 하는 이유 777가지를 쓰고 싶구나.

사랑하는 아들아!

너는 항상 비판이나 불평, 부정적인 말을 피하도록 하고 저항 작가들의 책은 참고만 하는 것이 좋겠다.

사람 사는 세상에는 완전한 것이 없고 이 땅에는 파라다이스가 불가능한 것이다.

다만, 노력할 뿐이 아니겠나 싶다.

공산주의 이론이 얼마나 좋은가, 그러나 그것은 어디까지 이론이지 실현 불가능하다는 것이 역사적으로 이미 증거가 되지 아니했는가?

불평과 원망은 백해무익하다고 본다.

보통, 우리의 내면에서 부정적인 것에 공감대가 빨리 형성되기에 부정적인 글의 책은 많이 팔려 수입은 늘어나는지 모르나 교육적으로는 좋은 결과 보다 나쁜 결과가 더 많다고 나는 생각한다.

이 땅에 완전한 교회가 어디 있는가. 예수님도 부패한 예루살렘 성전에 가시지 아니했는가?

대개가 비판하는 사람일수록 실력이 없는 자들이고 방법을 제시는 못하는 자들이 더 많은 법이다.

그러므로 비판 보다는 해결하는 쪽으로 방향을 잘 잡아야 할 것이다.

59. 책을 손에서 놓지 않는 습관

 오늘날, 영상문화와 기계문화의 발달로 보고 듣고, 조작하는 시간을 많이 가진다고 본다.

TV앞에서 시간을 많이 보내기도 하고 더구나 컴퓨터에 매달려 있기도 한다. 그로 인해 책을 읽는 습관은 줄어들 수밖에 없다. 명예롭지 못하게도 선진국 선진국 하면서도 책을 가장 많이 읽지 않는 나라에 속하는 것은 무엇인가 앞뒤가 맞지 않는 것이다. 가까운 일본만 하더라도 전철이나 버스 속에서 책읽는 사람을 발견하는 것은 어렵지 않다.

그러나., 우리의 현실은 어떤가? 책읽는 사람이 적다. 고작 읽는다는 것이 신문이나 주간 잡지들이 아닌가 국민들의 지식 수준이나 문화 수준이 낮은데 경제 수준만 올라가는 것이 가장 위험한 것이다 도덕 수준이 낮은 자에게 주어진 일은 가치있게 쓰여지기가 어려운 것이다.

책을 많이 읽어서 내 마음의 창고에 쌓아야 하는 것이다. 위인전이나 자서전, 특별히 경건서적 계통의 책들을 많이 읽고 그 외에도 필요한 책들을 많이 읽는다는 것은 참 좋은 것이다.

어떤 분은 한달에 책을 50권 읽는다는 말을 듣고 부럽기도 했단다.

책을 읽을 때 책의 선택도 중요한 것이다. 왜냐하면 책의 영향력은 대단한 것이기 때문이다.

매일 성경을 읽고 성경에 관한 책들도 많이 읽도록 해야 된다.

나중에 책 읽을 시간이 점점 없어지는 바쁜 날이 오기 전에 미리미리 다 읽어두는 것이 좋다. 특히 잘 알려진 문학작품이나 번역물들을 아직도 읽지 않고 있다면 시대에 뒤떨어진 사람이 되는 것이다.

책을 읽지 않으면 자연히 풍부한 자료가 생산될 수 없는 것이다. 나의 지식의 창고를 채우고, 경험의 창고에 가득 채워져 다양한 자료와 프로그램이 저장되어 있을 때 실력있는 지도자가 될 수 있는 것이다.

사랑하는 아들아!

핸드폰만 손에 들고 다니지말고 항상 읽을 책을 들고 다녀라. 들고 다니는 가방이 무거워야 된다. 언제나 기도할 수 있는 메모지와 연필, 책을 읽다 기록할 수 있는 메모지와 연필, 책을 읽다 줄을 칠 수 있는 칼라펜, 성경, 찬송과 사전, 그리고 읽을 책들 한 두 권은 필히 넣고 다녀야 한다. 그리고 유명한 교수나 강사들의 강의는 tape를 통해 운전하면서 또는 전철안에서 듣도록 해야 할 것이다.

한순간도 시간 낭비는 금물이다.

그리고 그때 그때 깨달은 것이나 떠오르는 생각, 중요한 내용들은 메모해 두는 습관을 갖는 것이다.

내가 하루 한 시간에서 3시간, 그리고 토요일은 철저히 책상 앞에 앉아서 말씀을 연구하고 글을 쓰는 습관이 50여권의 저서를 출판하게 되었지 아니한가 보잘것 없는 것이지만 그러나 무엇이든지 꾸준히 하는 것이 나중에 큰 열매를 맺게 되는 것이다.

나는 어릴 때 누구 못지 않게 책을 많이 읽은 것 같다. 그리고 용돈이 생기면 책 사는 것이 낙이었고 때로는 소원이기도 했단다.

사랑하는 아들아!

너는 책을 손에서 놓지 말아라.

― 책을 읽다가 쓰는 편지 ―

60. 실력없는 지도자는 버림받게 된다.

지도자가 실력이 없으면 제자들이나 학생들에게 죄를 짓는 것이다. 성경에 소경이 소경을 인도할 수 없다고 말하지 아니했는가?

많이 배워야 하는 아까운 시간을 교사가 제대로 가르치지도 못하고 잘 지도하지 못한다면 결국은 무능한 지도자로 낙인이 찍히고 버림받게 되는 것이다.

아직까지 우리의 구조적인 모순은 실력없는 교수들이 인맥이나 정치적인 배경으로 학계에 자리를 깔고 있기 때문에 실력보다 반항의식을 심어주고 아까운 시간을 빼앗는 시간의 강도들이 되는 것이다.

가르치기도 잘해야 되겠지만 그의 겸손과 지식, 그리고 인격으로 말미암아 감동을 주는 지도자가 되어야 하는 것이다.

나는 20년만에 내가 학창시절에 배운 교수의 강의를 듣는 시간을 가질 수 있었는데, 나는 놀라지 않을 수 없었다. 20년 전애 내가 듣던 강의의 내용이 하나도 변하지 않았다는 것이다. 그러니 전혀 연구나 발전이 없었다는 결론이다.

양심도 신앙도 노력도 없는 것 같은 느낌에 너무나 충격적이 아닐 수 없었다. 그렇다고 노인이 된 것도 아닌 것인데 말이다.

욕심부리지 말아야 한다. 끝없이 연구하고 노력하여 하나님앞에 부끄럽지 않고, 학교에서 녹을 받아 먹는데도 부끄럽지 않아야 되는 것이다.

요즈음 전교조가 허락이 되었다는 뉴스를 듣고 허탈해지기도 했지만, 반면 이런 기관을 통해 무능한 교수나 선생은 도태되는 길도 있어야 되지 않겠는가 생각된다.

철저히 교수 평가제가 정착이 되어 요령과 인기 전술로 자리를 유지하기 보다 실력과 인격으로 존경받는 지도자가 되어야 할 것이다.

작품 같지도 않은 무성의한 논문이 어떻게 통과 되었으며 학위는 어떻게 받았는지 의심스럽기조차한 경우가 없지 않다. 영어단어 몇 개 더 안다는 것, 그것 때문에 인정을 받았는지는 모르겠지만 한심한 경우를 체험한 나는 학생들이 도리어 불쌍하게 보이기도 했고 염려스럽기도 했단다.

사랑하는 아들아!

너는 결코 실력없는 지도자가 되지는 말아라.

너는 교수의 꿈을 품고 공부하고 있다고 하니 하나님이 어떻게 인도하실지 모르지만 선택 과목 강의 시간에는 강의실을 꽉꽉 메우는 교수가 되기를 바란다.

실력없는 지도자는 죄중에도 큰 죄를 짓고 있다는 생각을 가져야 하는 것이다.

실력없는 지도자는 버림받게 되고 버림받아야 하는 것이다.

- 어느 교수의 논문을 읽다가
읽을 필요성을 느끼지 않던 날어 -

61. 산을 오르듯 노력하는 삶

 인간의 삶은 산을 오르듯 노력하는 삶이어야 하는 것이다.

나는 가끔 시간을 내어 산을 오를 때가 있다.

산을 오르기 위해서는 사전에 철저한 준비가 필요하고 급히 서둘지 않고 천천히 호흡조절을 하면서 올라가야 한다. 또 산을 오를 때, 고비를 잘 참고 넘기는 인내가 필요하다.

인생의 삶도 언제나 준비된 삶이어야 하고 계획적이어야 하며 순간 순간 감정적인 삶이 아니라 멀리 바라보고 꾸준히 그리고 계속적으로 진행되어야 하는 것이다.

산을 오를 때 오르기는 힘들지만 그래도 즐거운 일이요 정상에 도달할 때의 성취감은 이루 말할 수 없는 것이다.

우리의 삶에 노력없이 무엇이 이루어지기를 기대하는 것처럼 위험하고 바람직하지 못한 삶이 어디있겠는가?

사랑하는 아들아!

너는 지금처럼 앞으로도 그리고 최후의 순간까지 노력하는 삶을 살아라.

노력하는 자 앞에는 못당하는 법이다.

나같은 경우는 노력이 아니면 아무 것도 할 수 없는 악조건이 아니었는가?

늦게 시작한 공부, 그리고 순탄치 못한 환경, 건강의 위기 등한 두가지 장애가 아니었지만 그래도 꾸준히 그리고 계속적으로 노력하다보니 지금 이정도라도 도달한 것이 아닌가 싶다.

오늘도 공관복음 강해서를 완성하고 방송 설교집의 원고를 마무리 하고 나니 너무나 감사한 비명이 나오는구나.

때로는 편안한 길의 유혹과 마음 높고 푹 쉬고싶은 충동이 있을 때도 많았으나 펜대를 놓지 않고 하루 하루 인내하며 계속한 것이 오늘에 이르렀구나.

무엇이든지 가능성있는 것을 시작하고 시작했으면 완성할 때까지 꾸준히 계속하는 자세가 필요한 것이다.

다시 강조하지만 노력하는 자 앞에는 그 누구도 당할수 없는 것이다. 그러나 소망이 없는 노력은 무모한 것에 불과한 것이다. 그러므로 질서와 계획, 시간관리, 건강관리가 필요한 것이다.

이제 나는 몇 년 전 보다는 육체의 한계를 조금 느끼는 편이다. 그때만 하더라도 몇일 밤을 지새우기도 했다. 그러나 지금은 그렇게는 불가능하지만 하나님이 힘주시는 순간까지 최선을 다할 계획이다.

　사랑하는 아들아!

　우리 노력하므로 하나님께 착하고 신실된 종으로 인정받도록
하자.

62. 귀를 기울여야 할 말에는 귀를 기울여서 들어야 한다.

우리의 믿음은 말씀을 들음에서 나듯이 우리는 항상 하나님의 음성인 말씀(성경)에 귀 기울여야 한다. 말씀 듣는 것보다 더 우선적인 것은 없다. 예수님께서 주님의 무릎 앞에서 말씀 듣는 일에 전념하는 마리아를 칭찬하면서 좋은 편을 택했다는 의미를 깨달아야 하는 것이다.

하나님은 우리를 지으신 분이시다. 지으신 분의 말에 귀를 기울여야 한다. 우리가 전자기구를 구입해서 사용할 때 먼저 만든 것의 내용 설명이나 주의 사항을 먼저 자세히 읽어야 하는 것과 마찬가지이다.

자식은 부모의 말에 귀를 기울여야 하고 제자는 스승의 말에 귀를 기울여야 하듯이 인간은 하나님의 말씀에 귀를 기울여야 한다.

사람의 말은 때로는 잘못 인도하고 오도될 때도 있지만 하나님은 지혜의 근본이시기에 완전하신 분이시며 실수나 착오가 없으신 분이시다. 그러므로 항상 하나님의 말씀에 귀를 기울여야 되는 것이다. 성경 잠언서에는 하나님이 지혜의 근본이라고 하셨고, 지혜자의 말에 귀를 기울이는 자가 지혜로운 자인 것이다.

뿐만 아니라, 인간은 인간의 말에도 귀를 기울여야 한다.

그중에서도 경험자의 말에 귀를 기울여야 한다.

인간은 경험한 사실만 알게 되어 있기에 경험자의 말은 교훈 중에 교훈인 것이다. 경험없는 지식은 확신이 약할 수밖에 없다. 어떤 의미에서는 해 아래 새것이 없는 것이다.

이미 있던 것이 후에 다시 있겠고 이미 한 일을 후에 다시 하는 것이 인생이요 세상이 아니겠는가 사랑하는 아들아, 경험자의 말을 무시하거나 건성으로 듣지 말고 귀를 기울여서 들어야 한다.

그리고 성공자의 말이나 실패자의 말도 귀를 기울여서 들어야 한다. 실패한 경험의 말이 실패를 예방하는데 중요한 것이며 성공자의 말이 성공을 이루는데 좋은 교훈과 지침이 되는 것이다.

마지막으로 무엇보다 믿음 있는 자들의 말을 관심있게 들어야 할 것이다.

믿음 없는 자의 말은 유익하지 못하나 믿음 있는 자의 말은 역시 믿음을 일으키는 힘이 있는 것이다. 항상 배우는 자세, 언제나 귀 기울여 듣는 자에게는 지혜의 창고에 보화가 가득 채워질 것이다.

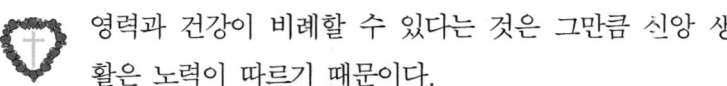

63. 영력과 건강은 비례할 수도 있다.

영력과 건강이 비례할 수 있다는 것은 그만큼 신앙 생활은 노력이 따르기 때문이다.

물론, 자원하거나 감사해서 즐거운 마음으로 하지만 육체는 신이 아니기에 한계가 있는 것이다. 물론 엄격히 따진다면 영성과 영력은 큰 차이가 있을 수도 있지 않겠는가?

오랜 경험과 신앙의 깊이로 말미암아 깊은 영성을 소유할 수도 있지만 그러나 그것이 밖으로 나타나 역사하는 데는 하나님이 직접 하시지 않으시고 사람을 통하여 역사하시기 때문에 육신의 건강도 필요한 것이다.

예를 들어, 금식하고 철야하면서 주어진 일을 하고자 할 때, 육신이 약하면 빨리 피곤하고 한계가 올 것이다. 그러나 건강한 자는 즉시 즉시 피로가 회복되고 일도 계속할 수도 있을 것이다.

예수님이 30세에서 33세까지 3년간 사역하신 것은 육체적으로 가장 전성기였기 때문이 아닌가?

제자들, 역시 젊은층들이 부름받았지 노인을 부르시지는 않았던 것은 그를 따르고 배우고 수종 드는 일이 힘들었기 때문이 아니었겠는가 생각해 본다.

육신이 건강하면 더 많이 기도할 것이고 더 열심히 일할 수 있기 때문이다. 그러므로 먼저번에도 이야기한 기억이 난다.

항상 건강관리도 무시하지 말아야 되는 것이다.

그렇다고해서 지나친 건강에 대한 염려와 관심은 오히려 유익되지 못할 수도 있다. 무엇이든지 적당히, 그리고 지혜롭게 해야 할 것이다.

사랑하는 아들아!

내 육신이 병들면 병자가 병자를 위해 기도해 줄 수 있지 않겠니? 그리고 열심히 충성하고 봉사하며 증인된 사명을 감당할 수 없지 않을까 한다.

성경에 제자들이 병들거나 몸살을 했다는 기록은 없다. 물론, 성경이 시시콜콜한 것까지 기록할리는 만무하지만 사도요한 외에는 모두 젊어서 순교했기에 건강했다고 본다. 게다가 어부 출신이 7명이나 되었으니 파도와 싸우며 고기잡는 해상 작업을 하는 사람들이니 건강했을 것 같다.

그러므로 하나님이 주신 건강을 잘 관리하고 규칙적인 생활과 몸의 질서를 깨뜨리지 않으면서 노력하기 바란다.

64. 열심과 회개의 현장에서

사랑하는 아들아!

네가 초등학생과 중학생이던 시절이 엊그제 같은데 벌써 대학원 2학년이 되었으니 과연 세월이 빠르구나.

나는 지금 광주에서 대학부 수련회를 인도하고 있단다.

새벽, 오전, 저녁 집회를 인도하면서 이들의 지출줄 모르는 열심과 회개의 기도와 말씀의 역사의 현장이 너무나 진지하여 나역시 지칠줄 모르는 가운데 집회가 계속되고 있단다.

오늘 밤은 집회가 11시에 끝났는데 새벽 2시까지 한 순간도 쉬지 않고 산이 떠나갈 정도로 부르짖는 기도 소리가 끊이지 않아 나도 역시 잠을 잘 수가 없구나. 내가 지금가지 여러 신학교와 학생들, 청년들의 집회를 많이 인도한 편이지만 이번 집회처럼 열심있는 집회도 그렇게 흔하지 않았다.

역시, 청년 집회는 생기있는 젊음이 있어 얼마나 감사하고 보람을 느끼는 모른다.

쉬고 노는 시간이라고는 거의 없는 꽉 짜여진 집회인데도 조금
도 지치거나 열심히 식어지거나 중단없이 부르짖는 뜨거운 기도
소리에 누구할 것 없이 가슴이 뜨거워지지 않을 수 없구나.

사랑하는 아들아!

하나님의 은혜와 영력은 회개 기도를 통해 온다는 사실을 명심
하여라.

하나님과의 관계에서 막힌 것이 있으면 은혜와 영력은 주어지
지 않는 것이다.

하나님이 눈이 어두워 보지 못하심도 아니고 귀가 어두워 듣지
못하심도 아니라 하나님과 우리 사이에 막힌 담인 죄가 영력과
은혜를 차단한다는 사실을 기억해야 하는 것보다 하나님 앞에서
는 어린 아이처럼 순진하고 솔직하게 죄를 고하며 용서를 빌며
은혜를 구해야 하는 것이다.

영력없는 목사는 가련하기 짝이 없는 것이다.

사랑하는 아들아!

회개한 자가 외칠 때 회개의 역사가 일어나고, 능력받은 자가
능력을 줄 수 있다는 영적 질서를 깨달아야 한다. 회개한 요나가
외칠 때, 회개의 역사가 나타나고 회개한 베드로가 외칠 때, 회
개하고, 능력받은 사도들을 통하여 능력의 역사가 나타났다는 사
실을 기억하면서 "회개와 열심", 이것이 젊은 사역자의 영적인 자
산임을 명심하여라.

- 광주 대학부 집회중 -

65. 규칙적인 운동을 게을리 하지 말아라.

✝ 사람은 질서있는 생활을 해야 한다.

하나님은 어지러움의 하나님이 아니라 질서의 하나님이시다. 질서있는 사회가 건강한 사회이고 질서있는 삶이 수준있는 삶이란다.

우리 몸도 질서를 지키면 건강을 유지할 수가 있다. 몸의 질서는 바로 규칙적인 삶이요, 규칙적인 운동이다. 몸의 질서가 파괴되면 건강을 잃게 된다.

규칙적인 운동을 한다는 것은 쉬운 일이 아니라 인내의 노력이 필요하다. 그리고 자기와의 싸움이기도 하다. 자기 몸 관리에 실패한 자에게 다른 것을 기대한다는 것은 어리석은 기대가 아니겠는가? 음식을 골고루 먹고 또 절제해야 하겠지만 그것보다 더 노력할 것은 규칙적인 운동이다.

사랑하는 아들아!

너는 본래 운동을 좋아하는줄 안다. 그러나 규칙적인 운동을 하도록 하거라.

일주일에 한 번 아니면 한 달에 몇 번씩 하는 운동이나 시간이 없다고 한꺼번에 많이 해버리는 운동보다는 매일 매일 한 시간씩이나 아니면 30분씩 이라도 시간을 정하여 규칙적인 운동을 하는 것이 좋을 것 같구나.

네가 너무나 시간에 쫓기다 보니 잠도 제대로 못자고 운동도 못할 때가 많아 염려가 되는구나. 이것은 내가 한때, 건강에는 관심이 없이 집회와 책 읽고 원고 쓰는 일에만 몰두하여 10년간의 세월을 보내다가 건강에 적신호가 와서 아주 어려운 고비를 넘긴적이 있는 것을 너도 어느 정도 알고 있지 않니? 그 이후 일의 속도를 조금 늦추면서 무리하게 하지 않으려고 노력하지만 성격상 일을 마무리하지 않고는 잠을 자지 않고 쉬지 않는 성격이라서 자신의 관리와 통제가 필요함을 느꼈단다.

사랑하는 아들아!

너 역시 아버지의 성격을 너무나 닮아서 무슨 일이든지 적극적이기에 일찍부터 규칙적인 운동을 위해 시간을 할애하는 것이 좋을 것 같구나. 너무 일찍부터 건강에 지나칠 정도로 신경을 쓰는 것은 바람직하지 못하나 규칙적인 운동은 하나의 일과가 되어야 하는 것이다. 운동 없이 많이 먹는 것이나 불규칙적인 생활의 반복이나 연속은 바람직하지 못하기 때문이다.

규칙적인 기도생활과 늘 하나님 앞에 사는 자세, 규칙적인 큐

티와 묵상과 늘 연구하는 자세, 규칙적인 운동과 늘 자신의 몸을 관리하는 생활을 해야 하는 것이다. 지도자는 영성관리를 우선으로 하되 몸 관리와 인격관리도 중요하게 생각해야 하는 것이다.

　나는 요즈음 몇날 몇일 잠을 제대로 잘 시간이 없어서 늘 피곤했으나 오늘은 잠을 좀 자고나니 새벽 3시에 눈을 뜨게 되었구나. 하나님과 30분 교제의 시간을 가진 후 너에게 이 편지를 쓰고 있단다.

　　　　　　　　　　－ 규칙적인 운동을 게을리하지 않기를 바라면서
　　　　　　　　　　　　새벽 3시 40분에 아빠가 －

66. 거절하는 지혜를

 사랑하는 아들아!
나는 지금 시골 집회중 이 편지를 쓰고 있단다.

아직 이곳은 훼손되지 않은 자연과 맑은 시냇물이 흐르고 있는, 농사만 짓는 시골이란다. 이곳에서 40분 정도 차로 가면 무주구천동이요, 30분쯤 가면 합천 해인사란다. 그리고 김천에서 50분 거리인 거창 웅양이란 곳에서 집회를 인도하는 중이다.

사람이 살아가는데 일거리나 많이 주어진다는 것은 행복한 일이고 보람된 삶이 아닐 수 없다.

그러나 내가 지금까지 살아오면서 깨달은 것은 거절하는 지혜가 필요함을 느꼈다. 내가 거절을 못해 무리하게 집회를 인도하고, 원고 청탁에 응해주고 모임에 충실하려고 하다가 건강의 적신호가 왔을 때, 피치 못할 사정과 입장 때문에 얼마나 난처했는지 모른다. 2년 전부터 약속하고 준비한 부흥회를 취소하기는 힘들었으나 그냥 계속했다면 나는 영영 회복이 불가능한 상태에 갔을 지도 모를 것이다.

요즈음 너를 볼 때 건강이 염려 된단다.

너는 하나님께서 유별나게 여러 달란트를 주셔서 컴퓨터, 악기, 운동 등 여러 전공분야를 겸했기 때문에 더욱 그러하다.

이제 너에게도 거절하는 지혜가 필요하단다.

네가 거절을 못해 12시가 넘어서 고장난 컴퓨터를 고쳐주려고 나가나는 것을 볼 때, 그리고 3일 밤을 잠도 제대로 못자고 내 분야도 아닌 일까지 맡아 고생하며 비틀거리는 것을 보면서 물론 네가 알아서 하겠지만 거절하는 지혜가 필요하다고 생각 되었단다.

건강과 젊음을 남용하면 안되는 것이다.

우리는 100m 선수가 아니라 장거리 마라톤 선수라는 것을 명심해야 한다.

물론, 선배들의 부탁에 거절하기도 힘들지만 막무가내인 경우도 없지 않기에 오해하지 않도록 자신의 입장을 밝히면서 지혜롭게 거절해야 할 것이다. 그것은 게으름도 나태도 지나친 건강에 대한 관심도 아니다. 더 많은 일을 하기 위한 준비일 따름인 것이다.

거절하는 지혜를 활용하기 바란다.

– 잠 못자는 너를 보면서 –

67. 본질적인 것은 보수를
비본질적인 것은 이해를

♥ 사랑하는 아들아!

우리가 살아가는 과정에서 보면 흔히들 본질적인 것이 아닌 문제를 놓고 고집을 부리며 시간과 힘을 낭비하는 경우가 적지 않음을 본다.

특히, 신앙생활의 경우도 고집을 부리는 것을 보수인양 착각하며 비본질적인 문제를 놓고 왈가왈부하는 경우도 있단다.

성경의 내용은 절대로 변할 수 없는 본질적인 것이다. 그러나 성경을 기록하는 기술은 옛날에는 파피루스에다가 또는 짐승의 가죽에다가 기록했지만 지금은 좋은 종이에다가 인쇄를 하고 있지 않는가? 우리 기독교 역사를 보면 비본질적인 것 때문에 종교회의가 모이고 볼셰비키운동이 일어나기 전에는 가운의 색깔과 길이, 후드의 모양들을 의논한다고 몇 날 몇일을 총회가 모였지 아니했는가? 우리는 본질적인 것은 보수를 해야 한다.

세상이 아무리 변해도 변하지 말아야 한다.

물이 변하면 안되듯이 진리를 변질 시켜서는 안된다.

그러나 비본질적인 것은 이해와 양보가 필요한 것이다. 소리내어 기도하든 묵상기도를 하든 자유로운 시간이면 무슨 상관이 있는가? 주님께 기도한다는 그 사실이 더 중요하지 아니한가?

영원히 변치않는 것이 하나님의 말씀이요, 자연 법칙이다. 그리고 변해서 안될 것이 사회의 도덕법인 것이다.

춘하추동 사계절 순서가 바뀔 수 없듯이 아들이 부모가 되고 부모가 아들이 될 수 없는 것이다.

또 인간 사회의 선과 악이 뒤바뀔 수 없는 것이다. 그러므로 본질적인 것과 비본질적인 것을 혼동하지도 말고 비본질적인 문제를 놓고 고집을 부리면서 보수주의자라고 하지도 말아야 할 것이다.

오늘 우리는 너무 쉽게 나와 다르면 정죄하고 잘못되었다고 하며 반면, 본질적인 것이 분명 잘못되어 있는데 사람만 많고 교회만 크면 세상의 깡패집단 못지않게 각목 부대 폭력 부대가 동원되어 진리를 보수한다고 하면서 사회를 어지럽게 하지 아니한가?

또 반면에 비본질적인 문제를 가지고 나와 방법이 다르다고 쉽게 이단으로 정죄하므로 복음의 손실 또한 얼마나 많은지?

사랑하는 아들아! 너는 모든 면에 판단을 신중히 하고 내가 연구하고 확인하기 전에는 쉽게 정죄나 질책을 하지 말아라.

그래서 네가 대학을 졸업하고 신학교에 가려고 할 때, 나이문제, 시간문제, 경제문제도 있고 해서 바로 유학을 보내고 싶었지만 아무래도 신학적 기초를 든든히 하고 또 많은 학교 동기가 필요했기에 3년의 신학 대학원 과정을 택한 것이 아니겠는가?

가끔 보면 신학적 뿌리가 약한 자들이 비본질적인 문제인데도 이해가 약하며 중요하지도 않는 일에 고집을 부리며 분파가 되는 경우를 많이 보고 있는데 이것이 지금 우리 교회의 현실이 아니겠는가?

물론 어떤 경우는 교리는 보수를 주장하는데 생활이 완전 이단인 고등 수법을 쓰는 이단도 많이 있지만 이런 때일수록 지혜가 필요하고 기도와 확고한 영성이 필요하지 않겠는가?

다시 부탁한다. 본질적인 것에 보수를, 비본질적인 것에는 이해를…

- 이단시비를 보면서 -

68. 준비만 되면 쓰임 받는다.

 사랑하는 아들아!
항상 준비해서 쓰임받도록 해야 한다.

네가 1월분 학생 설교를 맡아 준비하는 것을 보면서 다시 강조하고 싶어서 펜을 들었다.

우리 한국 사람의 약점이 있다면 많은 사람들이 준비는 하지 않고 아니면 준비는 짧게 하고 쓰임은 길게 받기를 추구하는 것이다.

내가 신학 대학원을 졸업하고 15년 후에 신학교에서 배으던 교수가 강사가 된 세미나에 참석했는데 두 분만 대표적으로 말한다면 한 분은 나이가 60대가 넘어가는데 너무나 강의가 깊이가 있었고 많은 연구의 흔적이 있었으나, 다른 한 분은 그때 강의 내용이 하나도 다르지 않고 그대로 하는 것을 보고 나는 놀랐단다.

첫째는 그분의 배짱에 놀랐고, 두 번째는 그렇게 노력없이 학교에서 엄청난 봉급을 받고 신학교에 봉직하고 있는 양심에 놀라지 않을 수 없었단다.

한번은 이웃교회 부흥회에 참석했는데 20년 전에 내가 들어보았던 부흥강사였다. 좀 심하게 말하면 토시 하나 틀리지 않을 정도로 그때 들었던 테이프처럼 설교하고 있음을 보고 '나는 저렇게 되지 말아야지'하고 결심을 했단다.

세르반테스는 감옥에서 53세에 '돈키호테'를 내어서 360년 이상이나 전 세계 사람들에게 열광적으로 읽히는 문학작품이 되지 아니했는가?

네가 어떤 형편에 있든지 좌절하지 않고 준비만 된다면 준비된 것은 썩지 않고 쓰임받게 된다는 것 명심해야 된다.

그리고 오래 준비할수록 더 크게 가치있게 쓰임받는다.

제비 뽑혀 예수님의 제자가 된 맛디아와 80년 준비되어 이스라엘의 영도자가 된 모세의 사역을 비교해 보아라.

맛디아의 사역은 성경에 없지 않은가?

언제나 활력과 창조력을 잃지 않고 노력하며 준비하는 사람이 쓰임받게 되고, 특히 하나님께서 쓰실 사람은 준비시키시고 또 준비된 사람을 쓰시지 갑자기 쓰시지는 않는다는 사실을 명심해야 한다.

하나님이 못하시는 것은 없지만 안하시는 것은 있는 것이다. 하나님은 질서의 하나님이시다.

사랑하는 아들아, 준비하라.

- 교안을 준비하면서 -

69. 높이 올라갈수록
안전수칙을 지켜야 한다.

사랑하는 아들아!

하나님을 높이고 의지하고 순종하는 자는 하나님께서 뛰어나게 하시고 높이 올려 주시는 것이다.

요셉이나 다니엘과 다윗이 다 하나님을 높이고 하나님을 의지하고 순종했기에 하나님이 또한 높여 주신 것이다.

너는 오로지 하나님을 높이는데 학문과 지식과 모든 노력과 모든 시간을 바치기 바란다.

그러면 하나님이 높여주실 것이다.

그런데 조심할 것은 높이 올라갈 때 필히 안전수칙을 지켜야 한다. 그것은 방심하거나 교만하지 말고 더욱 더 기도하고 겸손해야 되는 것이다.

조금 올라가다 떨어지면 다치기만 하지만 높이 올라가다 떨어지면 죽거나 회복이 불가능한 상처를 입게 되는 것이다.

나는 우리 주위에 높이 올라가서 떨어지므로 다시는 회복이 불가능한 상태에 놓여있거나 계속적으로 비틀거리는 비정상적인 상태에서 고전하는 경우를 많이 보았다.

가장 안전한 수칙은 끝까지 겸손하고, 끝까지 기도하고, 끝까지 노력하는 것이다. 방심하면 퇴보하고 떨어지게 되는 것이다.

그러기 위해서는 삶의 목적과 성공의 목적, 노력의 목적이 분명해야 하는 것이다.

남보다 조금 더 배웠다고, 좋은 학교를 나왔다고 조금 좋은 위치에 있다고 교만하거나 나보다 못한 자를 무시하거나 남을 멸시하는 상처를 주면 그 반응이 필히 오게 되는 것이다. 상대 쪽을 친 고무줄은 반드시 나에게도 와서 때리게 되어 있는 법이다.

사람들은 빈틈없는 사람보다는 어울려주는 사람을 원하고 있는 것이다. 어울리려면 혼자 올라가기 보다는 함께 올라가는 것이 더욱 더 안전하고, 서로 협조해 주며 보호해 주는 것이 좋단다.

사랑하는 아들아!

하나님이 너를 높여 주실 때, 그것을 잘 보존하기 위해 안전수칙을 곡 지키기를 바란다.

– 어느날 갑자기 떨어지는 자들을 보면서 –

70. 사랑도 받고 미움도 받아야 위대한 지도자가 된다.

위대한 지도자는 두 가지 훈련이 되어야 한다는 것이 나의 지론이요, 성경적으로 깨달은 바이다. 그것은 바로, 모세처럼 **학문 훈련**과 **생활훈련**이다.

바로 왕중에서의 40년이 학문을 연마한 기간이라면, 광야 40년은 생활 훈련 기간이 아니겠는가? 배고픔과 목마름과 더위와 추위 속에 또는 고독한 날들을 보내는 인내의 훈련기간이었던 것이다. 또 한 가지는 사랑받는 훈련과 미움 받는 훈련이다.

예수님이 예루살렘 입성하실 때의 호산나 환호성과 십자가에 죽으실 때의 조롱과 비방, 십자가에 죽여야 한다는 미움의 함성이었다.

요셉도 그러했다. 부모의 사랑을 독차지하고 자란 요셉은 형들의 시기와 미움의 대상이 되어 13년 동안 애매한 미움을 받는 고난의 세월을 보냈다. 요셉뿐 아니라 야곱도 그러했다. 어머니의 사랑을 받고 자란 그가 외삼촌 집에서 미움도 설움도 많이 받았다. 사랑받고 미움받는 훈련이 없이는 위대한 지도자가 될 수 없다. 다니엘도 왕의 사랑을 받았으나 주위 사람들에게는 미움을 받았다.

지도자는 미움만 받고 자라면 부정적인 사람이 될 가능성이 많고 사랑만 받고 자라면 어려움이 올 때, 이길 수가 없게 되는 것이다. 더구나 사랑을 경험하지 못하면 인정있는 사람 휴머니즘이 있는 사람이 될 수 없단다.

또 사랑만 받고 자라면 개인주의가 되기 쉽고, 남을 생각하는 정신은 약할 위험성이 있게 되는 것이다. 사랑하는 아들아, 너는 사랑을 많이 받고 자란 것이 사실이다.

어릴 때는 네가 좋아하는 것을 아무리 돈이 들어도 다 해주면서 키우지 않았는가? 그러나 고생도 많이 하기도 했지. 이제부터 미움을 받을 때, 잘 견디고 인내하면 더 큰 사랑을 받는 지도자가 될 것이다.

주위에서 시기하고 질투하기도 하고 때로는 경쟁의 대상이 생기도 하지만 그래도 묵묵히 참고 견디며 오히려 사랑하려고 노력할 때 신임받고 결국은 신앙적으로나 인격적으로도 승리할 것이다.

어떤 사람들은 조금만 미움 받으면 배나 더 큰 미움으로 공격하려고 하는데 그것은 좋지 못한 반응인 것이다. 예수님처럼 도리어 축복 기도를 해주도록 노력하기 바란다.

― 시골교회 집회 중에서 ―

71. 자연은 정직하다.

자연은 정말 정직하다. 콩 심은데 콩 나고 팥 심안 데 팥 나는 것도 그러하고 인간이 관리하는 것만큼 댓가가 있는 것이 그러하다.

우리가 자연을 버리면, 자연도 우리를 버릴 것이고 우리가 자연에 해를 끼치면 자연도 우리에게 해를 줄 것이다.

오랜만에 시골에 맑은 공기와 깨끗한 시냇물 오염되지 않은 산과 들을 보면서 자연은 정직하다는 생각을 하게 되었단다.

아직 이곳은 공장도 없고 유원지도 없고 농사만 짓고 사는 지역이라 자연이 훼손되거나 오염되지 아니했으나 '언제 이곳에도 개발의 바람이 불어 사람들이 몰려와 자연 환경을 오염시킬지 모르겠구나.' 하고 생각도 해 보았다.

인간은 인간과 더불어 살아갈 뿐 아니라 자연과 더불어 살아가는 것이다. 더불어 사는 사회나 더불어 사는 자연과의 관계는 정직하게 좋은 관계가 유지되어야 한다는 사실을 깨닫게 되었다.

정직을 잃어버린 사회는 병든 사회요, 파괴되어야 말 것이며 자연이 병들면 자연도 정직을 잃어버려 봄이 되어도 꽃을 피울 생각도 하지 않을 것이며, 겨울이 되어도 춥지도 않는 이상기온으로 모든 질서는 무너지고야 말 것이다.

사랑하는 아들아!

정직하게 사는 것이 생활의 철학이 되어야 할 것이다. 하나님 앞에서의 삶, 그리고 하나님과의 약속을 철저히 지키고 정직히 행하는 삶, 이웃과의 관계에도 정직하게 사는 삶, 이것이 습관화 되고 체질화 되기를 바란다.

우리의 전통은 정직을 소홀히 하는 민족적인 것도 부인할 길이 없고 지금에 와서는 더욱 그러하다. 건강한 사회, 희망있는 민족은 정직한 민족이다.

우리 나라는 오랫동안 정직, 성실에 대해 강조하지 않았다. 강조하지 않은 것이 아니라 할 수 없었다. 그것은 원죄를 짊어지고 탄생된 합법적인 정부가 아니었기에 그럴 수밖에 없었다.

지금도 사회 전반에 부정부패, 도적, 살인, 사기, 도주 등 정직의 결여에서 일어나는 사회문제는 심각하다.

정당하지 못한 수입으로 넓은 집에 살기보다 정당한 수입으로 좁은 집에 살면서 마음의 평강을 누리며 떳떳하게 사는 것이 더 좋지 아니한가? 정직한 자연이 건강하듯이 정직한 삶이 오염되지 아니한 건강한 삶이라는 것 명심하여라.

72. 매일 기도할 것.

사랑하는 아들아!

너는 기도의 무기, 기도의 열쇠, 기도의 저력, 기도가 저축되어 있는 자가 되어라. 기도의 힘은 아주 표현할 수 없는 신비와 재산이 아니겠는가! 기도 없는 성공은 참된 성공이 아니며 바람직하지도 않은 것이다.

매일 기도하고, 언제나 기도하고, 기도로 시작하고, 기도로 진행하고, 기도로 마치고, 기도로 연구하고, 기도로 보고하고, 기도로 간구하고, 기도의 후원자가 되어라.

대다수가 자기의 젊음을, 자기의 지식을, 자기의 재능을, 자기의 수단을 믿고 기도를 등한시 하다가 크게 쓰임받지 못하는 경우를 많이 본다. 누가 뭐래도 하나님이 도와주지 아니하시면 안 되는 것이다. 그러나 하나님이 함께 하시면 다 되고 소망이 있는 것이다.

밥 먹는 것은 바빠서 잊어버리는 경우가 있어도 기도하는 것은 잊어버리지 말아라. 그리고 삶 자체가 기도가 되어라. 기도 없는 교훈은 영감을 주지 못하고 심령을 움직이지 못한다. 잘 가르치기만 하는 것과 심령의 변화를 동반하는 교훈은 질적으로 다른 것이다.

어떤 이는 설교는 너무나 잘하는데 은혜는 되지 않는 경우를 본다. 말씀 자체의 능력은 기도로써 그 효력을 드러내는 것이다.

기도는 선택 과목이 아니라 필수 과목이며, 기도는 호흡과 같다고 하는데 호흡이 제대로 안되면 살 수 없듯이 기도하지 아니하면 영혼은 죽은 것이다.

기도가 삶 자체이어야 하는 것은 너무나 당연하는것이어야 한다. 피조물이 지으신 자의 말을 들어야 하고 지으신 자의 설명을 듣고 고장날 때 지으신 분에게 고침을 받아야 되지 않겠는가? 예를 들면, 자동차에 대해서 자동차를 만든 기술자만큼 잘 아는 자가 누가 있겠는가? 모든 것을 하나님께 물어보고 인도를 받아라.

사랑하는 아들아!

기도도 하지 아니하면서 기도의 능력에 대해서 가르치지 말고 금식기도 경험도 없으면서 금식기도에 대해 해석을 하려고 하지 말아라.

이론으로 아는 것과 경험으로 아는 것에는 엄청난 차이가 있는 것이 아니겠니?

요즘의 신학생들은 아무래도 옛날처럼 기도를 하지 않는 것 같

이 걱정이 된다. 그래서인지 똑똑하기는한데 영성이 부족한 것이
아닐까 싶다.
　사랑하는 아들아, 매일 기도하여라.

　　　　　　　　　　　　－ 새벽 기도 후 아침 큐티 시간에 －

73. 얼마나 예수를
닮아가고 있는가 점검하라.

인생성공, 신앙성공은 얼마나 예수를 닮아가고 있느냐에 달린 것이다. 아무리 오래 믿고 신학에 박사가 되어도 예수를 점점 닮아가는 것이 안보인다면 신앙실패요, 인생실패인 것이다.

우리는 예수가 될 수 없다. 작은 예수란 말도 흔히 하는데 맞지 않는 말이다. 피조물은 절대 창조주가 될 수 없다. 제자가 자기 스승이 될 수는 없는 것이다. 그러나 닮을 수는 있다. 모양을 닮는 것이 아니라 인격이 닮을 수 있는 것이다.

예수를 닮아가야 된다. 마음이 닮고, 생각이 닮고, 삶의 스타일이 닮아야 된다. 닮으려면 배워야 된다. 훈련이 필요하다. 이것이 영성훈련이고 경건훈련이 아니겠는가?

어떤 사람은 신앙의 연조는 늘어나는데 예수는 점점 닮아지지 않는 경우도 있다.

예수님의 교훈은 모범이었고, 삶 자체였다. 삶이 없는 고훈은 무능한 것이다. 예수님은 서기관들과는 다르게 가르쳤다. 즉 능력이 있었다. 입술의 교육은 힘이 없다. 예수님을 닮으려고 노력하자. 그리고 무엇보다 에수 그리스도의 영이 내 마음을 주장하여 그리스도가 다스리는 삶을 살아야 하는 것이다.

스데반이 죽는 모습까지도 예수님 닮으려고 했듯이 모든 면에서 예수님을 닮으려고 노력하자.

가룟 유다처럼 지독스럽게도 변하지 않는 존재가 되지 말자. 날마다 날마다 경건의 시간과 삶의 적용으로 그리스도를 닮아가자.

사랑하는 아들아!

오늘 나의 행동이나 모습이 예수 그리스도를 닮았는가를 매일매일 점검하도록 해보자.

그리고 예수를 닮지 않았던 삶은 반성하고 회개하자.

얼마나 우리의 신앙의 선배들이 예수를 닮으려고 노력했던가?

주여! 예수 닮기 원합니다. 진심으로 원합니다.

기도하자. 사랑하는 아들아, 너의 날마다 발전하는 모습을 보고 오늘도 너무 기뻐하며 기도했단다.

74. 꿈을 포기하지 말아라.

젊은이의 매력은 꿈일 것이다. 꿈이 없거나 꿈을 포기해 버린다면 젊음의 매력은 상실되고야 만다. 그리고 나이는 늙었더라도 그 가슴에 꿈이 뜨겁게 살아서 꿈틀거린다면 그는 젊은 사람인 것이다. 한때 우리 학생들이 화염병을 던지고 파출소에 불을 지르고 학교 유리 창문에 돌을 던져 부셔버리고 최류탄이 소낙비처럼 쏴대는 아수라장의 현장, 거기에서 아름다운 민주주의가 탄행하리라는 꿈을 가진 자들일까 생각해 보았다. 노조들이 집단 파업을 하고 머리에 붉은 띠를 매고 농성을 하는 것이 기업을 위한 것인지 염려스럽지 않을 수 없었다.

물론 각자의 이론과 주장이 있겠지만 그러나 이것이 잘못되면 극단적인 이기주의로 나라와 기업은 망해도 나는 잘 살알야 된다는 고집이 될 수밖에 없는 것이다.

정치도 꿈이 있어야 되고 기업도 교육도 개인도 꿈이 있어야 하는 것이다. 특히 젊음은 꿈을 가슴에 품고 뛰고 달려야 하며 그 꿈은 선하고 아름다워야 하고 실현가능한 꿈이 되어야 하는 것이다. 꿈이 잘못되면 망상이 되는 것이고 꿈이 끝까지 꿈으로 끝나면 허상이 되는 것이다.

사랑하는 아들아!

너의 많은 꿈들을 절대로 포기하거나 중단하지 말고 열심히 노력하여 실현되기를 바라며 오늘도 기도했단다.

내가 다시 목회를 시작할 때, 문서 선교의 꿈, 테이프 선교의 꿈, 방송 선교의 꿈, 어느 하나 이루지 못한 것이 어디 있겠는가?

하나님은 꿈을 주시고 그 꿈을 이루도록 기도하게 하시고, 그 꿈을 응답해 주시는 하나님이신 것이다. 꿈이라면 구약시대 요셉과 신약시대 요셉을 잊어버릴 수가 없을 것이다.

구약의 요셉은 꿈을 가슴에 품고 현실의 고난을 이긴 대표적인 인물이 아니겠는가? 신약의 요셉도 꿈 때문에 현실의 난처한 입장을 극복하므로 인류의 구세주의 육신의 부모가 되지 아니했던가?

오늘 향락문화나 퇴폐문화가 무서운 것은 꿈을 잃어버리게 하는 독약이기 때문인 것이다.

사랑하는 아들아!

너의 꿈이 이루어질 때까지 그리고 그 꿈이 이루어질 것을 믿으면서 오늘도 노력하여라.

- 사랑하는 아빠가 -

75. 언제나 하나님의 도우심을 구하라.

♥ 사랑하는 아들아!
여러 통의 편지 중에 여러번 반복되며 강조되는 부분이 있음을 발견할 것이다.

그것은 기도하라는 것과 언제나 하나님의 도우심을 구하는 하나님 절대 신뢰의 자세이다.

그 어떤 일도 하나님의 도우심을 무시하고 내 노력이나 내 지식, 내 경험만 가지고 하려고 덤비지 말아야 하는 것이다.

참새 한 마리가 땅에 떨어지는 것도 하나님의 섭리하에 이루어짐을 믿을진대 모든 일을 하나님 중심으로 하고 하나님의 도우심을 구하면서 해야 되는 것이 아니겠는가?

오늘은 하나님의 도우심을 다른 때보다 더 간절히 사모하며 기도하고 말씀을 증거했더니 더 힘이 나고 은혜 받는 역사도 더 현저히 나타남을 느낄 수 있었단다.

우리가 하나님의 도우심을 구하지 아니하고 무엇을 한다면 하나님이 외면해 버리시는 날에는 큰일난다는 사실을 명심해야 할 것이다.

하나님의 도우심이 끝나버린 사울의 내리막 길과 최후를 지켜보면 깨닫게 될 것이다. 언제나 하나님의 도우심을 구하는 다윗의 삶을 보면 날마다 하나님의 인도와 보호를 실감하게 되는 것이다.

"오늘 집을 나서기 전 기도했나요. 오늘 받을 은총위에 기도했나요"라는 복음송처럼 하나님의 도우심을 구하는 삶은 언제나 그리스도안에서의 삶이 될 것이다.

하나님이 관심을 가지고 도와주는 사람은 얼마나 소망이 넘치는 인생이며, 부러운 삶, 안전한 삶이겠는가? 상상만 해도 가슴이 벅차 오름을 느끼지 않을 수 없는 것이다.

사랑하는 아들아!

너는 언제나 하나님의 도우심을 구하고 하나님의 도우심이 끊어지지 않는 삶이 되어 인생성공, 신앙성공 사명 완수자가 되기를 바라며 기도한다.

- 널 위해 기도하는 밤에 -

76. 나와 다르다는 것을 이해하라.

인간의 삶과 인간관계의 삶에는 이해가 있어야 좋은 관계 유지가 가능하게 된다.

특히 한평생 같이 살아야 할 삶의 동반자는 이해를 우선으로 해야 한다. 사람은 모양도 물론이거니와 취미나 이상이나 삶의 방식 어느 하나도 똑같을 수는 없다.

그러므로 서로 양보하고 이해하고 서로 맞추려고 노력해야지 나와 같지 않다고 무시하거나 같아야 된다고 고집한다는 것은 좋지 못한 태도라고 생각한다.

그것은 각자가 자라난 환경이 다르고 모든 것이 다른 가운데 성장했기에 다른 것이 정상이지 같으면 오히려 이상할 것이 아니겠는가? 그러나 그런 가운데 같이 살다보면 점점 이해하게 되고 닮아가게 되는 것이다.

어떤 경우에는 나와 다르다는 사실 때문에 이해하려고 하기 보다 나와 똑같아야 된다고 고집하여 하나의 인격으로 인정하기 보다 자신에게 속한 기계로 인정하기 때문에 갈등의 기간을 지내는 경우가 많은 것이다. 그러므로 같아지려는 노력보다는 이해의 노력이 우선 되어야 하는 것이다.

아무리 같이 살아온 부부라도 모든 것이 똑같을 수는 없는 것이다. 그리고 똑같다면 인격이라기 보다 기계의 부속품이 아니겠는가?

하나님은 사람을 기계처럼 찍어내지 않으시고 창조하셨다는 사실을 기억해야 하는 것이다.

우리는 때로 결점이, 큰 장점이라는 사실을 어떤 일을 당하고 난 뒤, 늦게 깨닫게 되는 경우가 많다. 급한 성격이 결점으로 생각했는데 그것이 아주 유익을 주고 위기를 면하게 해줄 때도 있는가 하면, 기억력이 좋은 것이 나의 장점으로 생각했는데 그것 때문에 잊어버릴 것이 잊어지지 않아 잠못 이루는 밤을 지새우다 병이 되는 때도 있는 것이다.

사람이 타고난 기질은 쉽게 변하지 않으므로 선하게 활용하고 좋게 수정해 나가면 유익한 삶과 인간 관계가 될 것이다.

사랑하는 아들아!

네가 여러 사람과 같이 무슨 활동을 하거나 특히 결혼 생활을 할 때 피차 이해하려고 노력을 하는 삶이 될 때 행복한 삶이 되고 아름다운 가정이 될 것이다.

- 너의 결혼을 위해 준비 기도하며 -

77. 영원한 동반자를 위해 기도하라.

나는 77이라는 쌍칠 숫자를 성경을 연구하다가 좋아하게 되었다. 그러나 나는 교회가기 싫은 77가지 이유라는 책을 낸 것을 보고 상당히 마음이 언짢았다. 왜 77이란 숫자를 부정적인 글을 쓰는 주제로 사용했는지? 책이 인기있게 팔려 돈을 벌기 위해서인가? 매사에 비판이 숙달된 자의 글이란 말인가?

그래서 나는 77이란 숫자를 좋은 글을 위해 사용하기로 했다. 그래서 너를 향한 편지는 77통으로 1차 끝내고 다음 언젠가 다시 제 2권을 쓸 때도 77통을 쓸까 한다.

그리고 계속적으로 기도는 끊이지 않겠지만 이제부터 사랑하는 딸에게 77통의 편지를 쓰고자 한다. 사랑하는 아들에게 먼저 편지를 쓰는 것은 남자이기에 우선권을 주는 것이 아니라 먼저 낳기 때문이고 그것보다는 목회자의 길을 연수하고 있기 때문이다. 너무 교훈적인 편지만 쓰게 된 것을 이해해라. 그것은 공개되는 편지이기 때문이고 우리 모두의 공통점이 있기 때문이다. 그리고 제 1신을 마무리하면서 부탁하고 싶은 것은 너의 영원한 등반자를 위해 기도하기 바란다. 기도로 맺어진 결혼이라야 가장 소망적이고 축복된 결혼이기 때문이다.

결혼은 결혼만을 위한 결혼이 되어서는 안된다. 물건은 구입했다가 반품해도 되고, 맞지 않으면 버려도 되지만 사람은 쉽게 헤어지거나 반환될 수가 없는 것이다.

결혼의 실패는 인생 핵심의 실패인 것이다.

그러므로 충분히 기도해서 하나님이 짝지워주신 가정이 되어야 하는 것이다.

사랑하는 아들아!

결혼을 위해 매일 기도하고 제일 먼저 신앙을 보고 다음 인격이나 가정, 다른 것도 조금은 참고하면 될 것이다.

100% 다 맞는 사람은 지구 위에는 없단다. 50%~60%만 맞으면 되는 것이다. 행복은 저절로 되는 것이 아니라 만들어가고 창조해 가는 것이다.

꼭 기도하기 바란다.

*

**아버지가 아들에게 보내는
77가지 교훈**

*

초판 1쇄 ─ 2004년 5월 10일

*

지은이 ─ 김 기 원
펴낸이 ─ 채 주 희
펴낸곳 ─ 엘맨출판사

*

서울시 마포구 합정동 433 - 62
출판등록 ─ 제10 - 1562호(1985. 10. 29.)

*

TEL. ─ (02) 323-4060
FAX. ─ (02) 323-6416
e-mail ─ elman1985@hanmail.net

*

잘못된 책은 바꾸어 드립니다.

*

값 7,000원